KB183866

자본주의와
생태주의 강의

자본주의와 생태주의 강의

강수돌 교수의 기후위기 특강

발행일 초판1쇄 2025년 1월 31일 | **지은이** 강수돌
펴낸곳 북튜브 | **펴낸이** 박순기 | **주소** 경기도 고양시 덕양구 소원로 181번길 15, 504-901 |
전화 070-8691-2392 | **팩스** 031-8026-2584 | **이메일** booktube0901@gmail.com
ISBN 979-11-92628-47-9 03300

북튜브 책으로 만나는 인문학강의 세상

자본주의와
생태주의 강의

강수돌 교수의 기후위기 특강

강수돌 지음

Booktube
북튜브

머리말 _ 열심히 사는 만큼 행복한 세상

2024년 12월 초, 윤석열 정부의 가당찮은 쿠데타 시도가 아니라 하더라도, 오늘날 우리는 국내적으로나 국제적으로, 또 생태적으로도 뭔가 불안하고도 불확실한 위기 속에 살고 있습니다. 따지고 보면, 불안하지도 불확실하지도 않은 시대는 거의 없었지만, 요즘처럼 심하진 않았던 것 같습니다. 국내적으로는 불평등이 심화하는 가운데 민주주의조차 위기에 빠져 허우적거리고 국제적으로는 전쟁 분위기가 고조됩니다. 생태적으로는 기후위기나 6차 대멸종 같은 사태가 인간의 삶을 위협할 것이라는 경고가 거듭되고 있습니다.

얼마 전 별세한 미국의 프레드릭 제임슨 듀크대 교수는 "우리는 자본주의의 종말을 상상하기보다 지구의 종말을 상상하기가 더 쉬운 시대에 산다"고 했습니다. 사람들이 지구의 종말은 많이들 걱정하지만, 자본주의의 운명에 대해선 별 생각 않고 산다는 얘깁니다. 따지고 보면 지금 우리네 삶이 극도로 불안하게 된 것도 실은 자본주의와 무관하지 않은데 말입니다.

바로 이런 상황에서 우리들은 거의 예외 없이 한 가지 질문에 마주칩니다. 그것은 '도대체 어떻게 살아야 하나?'란 것입니다. 그렇습니다. 과연 어떻게 살아야 행복할 수 있을까요?

사실, 남녀노소 가릴 것 없이, 너나 할 것 없이, 모두들 정말 열심히 살아갑니다. 출퇴근 시간에 버스나 지하철을 타보면, 또, 점심시간에 직장인들이 한 끼 식사를 하려고 일터에서 줄지어 나오는 걸 보면, '정말 다들 열심히 사는구나!'란 느낌을 갖게 됩니다. 그러나 정작 우리 자신은 얼마나 행복한가요? 열심히 사는 만큼 행복한 삶을 즐기고 있는지요? '그렇다!'고 자신 있게 답할 사람은 별로 많지 않을 것 같습니다.

그렇다면 바로 여기서 '왜 그런가?'를 따져 볼 필요가 있습니다. 우리네 삶에 대한 진지한 성찰이 필요한 셈입니다. 만일 이런 진지한 성찰이 없이 '그저 열심히 살다 보면 언젠가 좋은 날이 오겠지' 하면서 진짜 열심히만 산다면 불행히도 '그 날'은 오지 않습니다. 이건 이미 지난 수십 년의 세월이 증명해 주고 있습니다.

　이런 성찰을 함께 해보자는 취지에서 이 책『자본주의와 생태주의 강의』를 여러분 앞에 내놓습니다. 제목이 좀 무겁습니다만, 어차피 우리 모두는 자본주의 시스템 안에 살고 있으니 자본주의를 찬찬히 공부할 필요가 있습니다.

　그런데 자본주의는 사람과 자연의 생명력이 없으면 지탱되지 못하기에 생태주의를 공부할 필요도 있습니다. 이 책의 가장 초보적인 문제의식은 자본과 생명이 대립하고 있다는 것입니다. 자본의 성장을 위해 불가피하게 생명이 파괴된다는 이야기지요. 불편하지만 우리네 현실을 구성하는 이런 내용을 잘 인식하고 그 위에서 올바른 실천과 변화를 이뤄내야 비로소 모두를 위한 구명보트를 만들 수 있다는 것이 이 책의 착안점입니다.

　원래 이 책의 내용들은 2024년 전반기에 〈하동참여연대〉와 〈하동생태해설사회〉가 공동 주관하고 제가 진행한 '자본주의와 생태주의' 강좌 시리즈에 토대합니다. 또 저는 2024년 후반기에 〈김희경유럽정신문화장학재단〉에서 운영하는 '유럽인문아카데미'에서 '기후위기와 자본주의'라는 온라인 세미나도 진행했습니다. 이런 주제로 강의와 토론을 진행하면서 저는 이 내용들을 당시 참여자들만이 아니라 모든 시민들이 함께 공부하면 좋겠다고 생각하게 되었습니다. 그래서 북튜브출판사의 박순기 대표님께 제안했더니, 흔쾌히 수락해 주셨고 그래서 마침내 이 책이 세상의 빛을 보게 되었습니다. 모두, 감사한 일입니다.

이 책의 구성은 비교적 단순합니다. 1장은 자본주의와 생태주의의 개념과 철학을 정리합니다. 2장은 자본주의 산업화 과정이 초래한 파괴성을 살펴봅니다. 3장은 자본주의 경제의 모순이 종합돼 나타난 기후위기를 집중 분석합니다. 그리고 4장은 대안을 찾아보기 위한 여러 이론들을 두루 살핍니다. 끝으로 5장은 우리가 지구를 떠나지 않고 더불어 지구에서 살아가기 위한 길을 모색해 봅니다. 앞서 말한 제임슨 교수의 말을 빌리면, "지구의 종말보다 자본주의의 종말"이 더 빨리 올지 모르기 때문입니다. 「보론」에서는 남해안 갈사만 사례를 통해 자본주의 산업화가 우리네 삶의 질을 어떻게 변화시켰는지 차분히 성찰합니다.

모쪼록 이 책이 오늘날 우리가 경험하는 온갖 불안과 불확실성의 뿌리를 찾아내고 특히 기후위기 내지 기후재앙으로 다가오는 우리네 삶의 위기를 근본적으로 극복하는 데 작은 디딤돌이 되기를 소망합니다. 그리하여 열심히 사는 만큼 건강하고 행복한 세상을 만드는 데 이 책이 일조하길 바랍니다. 만일 이런 주제로 더 깊이 있는 토론과 대화를 위해 여러분이 저를 찾는다면 기꺼이 달려가겠습니다. 고맙습니다.

2025년 1월

고려대 명예교수 강수돌 드림

차례

1강

자본주의와 생태주의의
개념과 철학

자본주의를 다시 공부하는 이유

안녕하세요. 이번에 '자본주의와 생태주의' 강좌를 맡게 된 강수돌입니다. 자본주의도 어려운데, 생태주의와 연결해서 공부하려고 하니 강의가 조금 어렵고 복잡하게 들릴 수 있습니다. 하지만 이런 주제가 좀 어렵다고 해서 우리가 피해 갈 일은 아니죠. 우리 인간이 살아가는 과정이 자본주의 시스템 안에서 돌아가니까 마치 물고기가 물의 흐름을 잘 알아야 하듯이 우리 역시 우리가 사는 사회를 잘 알아야 길을 덜 헤매게 되겠죠.

　자본주의라고 하면 보통 돈을 생각하게 되는데, 우리가 돈에 대해 얼마나 잘 아는가도 문제입니다. 예컨대 지금 강의를 들으러 오실 때에도 버스를 타려면 차비를 내야 하죠.

또 먹고살려면 월급을 타서 쌀도 사고 반찬도 사고 집도 사고 해야 합니다. 집이 안 되면 방이라도 하나 구해서 살아야겠죠. 또 아이들을 독립시키려면 월세나 전세 하나 얻을 수 있도록 도와줘야 하잖아요. 이런 것이 국가에서 무료로 지급되는 시스템이라면 아무 걱정이 없는데 가족 안에서 다 해야 하니 어렵죠. 그러다 보니 자녀 낳아서 키우는 것도 힘들어지는 거고요.

이게 모두 자본주의 시스템에서 살다 보면 닥치는 문제들인데 이 문제들은 단순히 돈만의 문제가 아닙니다. 눈에는 잘 보이지 않지만, 우리 인간 삶을 그물망처럼 얽어매고 있는 이 시스템을 좀 제대로 공부해야 우리가 그 속에서 어떻게 살아야 제대로 잘 살 수 있을지에 대해 힌트가 좀 나올 것 같습니다.

그리고 한 걸음 더 생각하면 그런 그물망 대신에 다른 어떤 방식을 만들어 살아간다면 훨씬 더 나은 삶이 가능하지 않을까라는 생각을 하게 되죠. 사실, 우리가 이 땅에 태어났을 때는 이미 자본주의 사회였기 때문에 이 사회에 대한 문제의식을 깊이 가진 경험이나 기억들이 잘 없어요.

그러나 역사적으로 다른 사회를 엿볼 수가 있죠. 예를 들어 옛날 노예제 사회에서 태어나 살았던 사람들이 있잖아요. 그런 시대는 지금으로서는 도저히 이해가 되지 않는 시스템이죠. 우리나라도 고려나 조선 시대에는 노예나 농노, 하인이 많았지요. 영화 「자산어보」를 보면, 우리가 잘 알고 있는 정약용의 형 정약전이 흑산도에 귀양을 가서 평민 청년을 만나죠. 그 청년의 도움으로 『자산어보』라는 해양생물백과 책을 펴내기도 하는데, 청년이 신분제도 때문에 고민이 많죠. 미국에서도 「노예 12년」 같은 영화가 당시 노예제의 실상을 그리고 있고요.

이런 영화들에서도 볼 수 있듯이 하필이면 신분제도가 있는 시대에 태어나서 부모님이 노비라 해서 내가 노비로 살아야 한다면 이건 너무 억울하겠죠. 본의 아니게 첩의 아들로 태어나서 적자와 차별을 받기도 했는데, 이런 것도 지금 보면 참 불합리해 보입니다.

우리가 사는 이 자본주의를 노예제나 봉건제 당시의 신분제도와 견줘 보면 정말 다행이라는 생각이 듭니다. 최소한 겉으로는 신분제가 우리를 옭아매진 않으니까요. 게다가 나름 열심히 해서 하고 싶은 일을 하며 살 수 있다는 것도 참 좋아 보이거든요. 그리고 50~60년 전만 해도 쪼들리게 가난한 사람들이 많았는데, 그때에 비하면 요즘은 모두들 부자라 할 정도로 많이 좋아진 면도 있어요. 집집마다 자동차도

다 있고요. 이렇게 신분제나 물질적 수준 같은 걸 보면 얼마나 좋은 세상이 되었습니까?

그런데 지금은 제발 결혼해서, 아니 결혼 안 해도 되니까 애만이라도 낳으라고 할 정도로 젊은 사람들이 독립하고 자녀를 낳고 살아가는 것이 아주 어려워진 시점이죠. 이런 것도 실은 자본주의가 뭔가 심각한 문제가 있는 게 아닌가 할 때의 어두운 현상 중 하나라 할 수 있습니다.

가족만 해도 우리가 자본주의 사회의 가장 표준적인 가족상으로 대개 '스위트 홈' 이미지를 그릴 수 있는데요. 엄마 아빠가 있고 자녀들이 오순도순 모여서 텔레비전 보면서 과일 먹고 행복한 시간을 보내는 그런 단란한 가정이 자본주의 가족의 기본 이미지거든요. 어떤 사람들은 이런 '스위트 홈'이 환상에 불과하다고 말하는데, 지금은 그것조차 위기라는 겁니다. 더 중요한 건, 이런 사태가 내가 운이 없거나 게을러서 발생한 게 아니라 시스템이 가진 구조적 원인과 연관이 있다는 이런 의심을 우리가 좀 해봐야 한다는 거예요.

앞으로 여섯 번의 강의를 통해 바로 이런 문제들에 대한 힌트를 어느 정도 제시해 보고자 합니다. 제가 노동과 경제, 교육, 생태 등과 관련한 연구와 고민을 40여 년 해오면서 정리하게 된 내용들을 여러분들께 말씀드리고 함께 대안을 모색해 보는 시간이면 좋겠다는 생각입니다.

앞서 말씀드린 대로 우리가 자본주의 사회에 살면서 학교에서 공부하고, 또 일해서 먹고살고 아이를 키우고 독립시키려면 모두 돈이 들어가죠. 그래서 당장은 자본주의적으로 살 수밖에 없지만, 그렇다 하더라도 우리가 살아가는 삶의 구조가 어떻게 해서 오늘날 모두 걱정하는 기후위기나 불평등 문제와 같은 파국으로 치닫는지를 좀 제대로 알아야, 비로소 잘못된 그물망으로부터의 탈출구도 잘 찾을 수 있으리라 생각합니다.

경우에 따라서는 문제를 해결하겠다고 나선 현실 정치의 움직임들도 왜 이렇게 싱겁고 재미가 없게 되었는지 이런 것도 해명할 필요가 있겠죠. 이른바 현실 정치는 대개 TV 같은 데 얼굴을 자주 비추는 광고나 선전 이미지 정치로 돌아가죠. 댓글 부대가 설치는 것도 그 일환이고요. 그렇게 '이미지 정치'만 하면서 표리부동한 행동을 하거나 거짓말을 예사로 하면서도 전혀 부끄러움이나 죄책감도 없이 뻔뻔스럽게 잘 살고 있죠.

교육도 찬찬히 들여다봐야 합니다. 그저 일류대학만 가면 된다고 생각할 문제가 아니란 거죠. 집집마다 아이들이 학교 가기 전까지만 해도 얼마나 귀엽습니까? 심신만 건강하게 잘 자라나면 아무 걱정 없죠. 학교 가기 전에는 우리가 아이들을 '사람 그 자체'로 바라보니까 귀엽고 좋을 뿐이죠. 그런데 일단 학교에 가기 시작하면 이젠 무조건 공부를 잘해야 되고, 점수가 낮으면 바보 같아서 내 새끼가 아니라 하고 싶고, 그렇죠? 나는 안 그런데, '이상한 녀석'이 태어났다고 한탄을 하고, 반대로 공부를 아주 잘하면 마치 내 인생이 성공한 것 같이 느껴지기도 하고요. 일류대 갔다 하면 친구나 주변에 널리 자랑하려고 입이 근질근질해지고…. 그런데 실은 그뿐이죠.

아무리 서울의 좋다는 대학 나와 가지고 대통령까지 된다 한들 자세히 보면 다들 좀 이상하잖아요? 때로는 진짜 그 대학 출신이 맞나 싶기도 하고, 원래 그런 건가 싶기도 하고…. 교육 제도란 것이 이렇게 아이가 공부 못하면 못하는 대로 이상하고, 잘하면 잘하는 대로 이상한 시스템이니, 정말 이상하죠. 그래서 근본적으로 다시 보자는 겁니다.

제가 다른 강의에서도 했던 이야기인데, 박근혜 정권 시절 양승태 대법원장 아래 근로기준법이 문제가 된 적이 있지요. 법에는 '일주일 40시간 노동'이라 되어 있는데 이게 법적으로 최고 68시간까지 가능하다고 둔갑을 했었죠.

어떻게 둔갑을 하는지 간단히 보면, 일단 기본 40시간에 노동자의 동의를 얻으면 일주일 최대 잔업(연장근로) 12시간까지 보태 총 52시간까지 가능해요. 그런데 그다음에 이상한 논리가 나와요. 무려 서울법대 나온 사람들이 법적으로 어떻게 해석했냐 하면 '토요일과 일요일은 근로기준법상 일주일 개념에 안 들어가기' 때문에 52시간 더하기 토요일 8시간, 일요일 8시간 보태서 '합법적으로' 최고 68시간까지 노동이 가능하다는 겁니다. 이렇게 해서 노동자들의 초과노동을 법적으로 정당화한 거죠. 정말 '창의적'이죠?

아니, 토요일 일요일이 '일주일' 개념에 안 들어간다고 서울법대 나온 사람들이 그렇게 해석을 해서 인간 노동력을 마치 매실 엑기스 뽑아 먹듯 한 거죠. 정말 기가 막히고 코가 막힐 일인데, 실은 지금도 크게 다르지 않아요. 우리가 매실 엑기스 뽑아 먹고 나면 쭈글쭈글한 거죽과 씨만 남죠. 그렇게 사람을 쭈글쭈글한 모양이 되게 무용지물로 만들어 버리는 시스템, 바로 그게 자본주의인 거예요.

앞으로 '자본주의'와 '생태주의'라 하는 게 도대체 어떤 식으로 얽혀 있기에 우리 삶이 이렇게 이상하게 됐는가를 여섯 차례에 걸쳐서 공부하게 됩니다. 오늘 첫 시간에는 자본주의와 생태주의를 개념과 철학 차원에서 전반적으로 개관하고요.

다음 시간에는 한국 사회 60년을 전반적으로 개관하면서 '자본주의 산업화와 파괴성'에 대해서 살피게 됩니다. 3강에서는 이러한 자본주의 경제가 만드는 문제나 모순을 집약적으로 보여 주는 축소판으로서 '기후위기' 문제를 정리해 보고요.

그렇게 세상과 나라 전체의 흐름을 총괄적으로 살핀 뒤, 4강에선 다양한 대안들과 관련된 이론적 논의들을 정리해 보고, 마지막 5강에선 실천적 대안 모색으로, 우리가 지금 여기서 할 수 있는 일과 나라 전체적으로 이뤄내야 할 구조 변화에 이르기까지 종합적인 이야기를 해보려 합니다. 마지막으로 보론에서는 아름다운 다도해 바닷가 마을이지만 인근에 제철소와 화력발전소가 들어선 뒤로 삶이 근원적으로 변해 버린, 갈사만 사람들 이야기도 구체적인 사례로 살펴보겠습니다.

자본주의, 돈 놓고 돈 먹는 사회

자본주의를 초등생도 쉽게 알 수 있게 표현하자면 뭐라 할

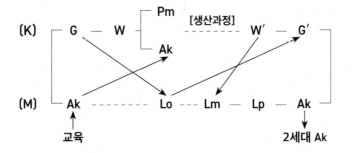

[도표 1] 자본과 인간의 상호작용 ─ 자본관계

수 있을까요? 이런저런 얘기가 많지만, 한마디로, '돈 놓고 돈 먹는' 사회라 할 수 있죠. 위의 도표를 보면서 자본주의가 어떻게 돈 놓고 돈 먹는 사회인지 살펴보도록 하겠습니다.

지금부터 전형적인 산업자본주의를 위의 도표로 설명할 수 있습니다. 공장에서 상품을 만들어 팔아서 돈을 버는 게 산업자본이죠. 자본과 인간이 맺는 모든 관계들이 자본관계입니다.

위의 [도표 1]을 보죠. 맨 왼쪽 위의 K는 자본(das Kapital)을 아래의 M은 사람(die Menschen)을 말합니다. 그러니까 도표의 위쪽은 자본의 축이고, 아래는 사람의 축이죠. 윗줄에서 첫번째로 나오는 G가 바로 돈입니다. 사업을 하기 위한 투자 자금인 셈이죠. 독일어로 돈은 다스 겔트(das Geld)인데 줄여서 G라고 표시하죠. 일단 돈으로 상품을 사야겠죠. 상품은 독일어로 디 바레(die Ware)라 하고 도표에선 줄여서 W라 표시했습니다.

그다음, 돈을 가지고 상품을 만들기 위해서는 땅이나 건물을 사거나 빌려야 하고, 원료와 기계도 사야겠죠. 전기나 석탄 같은 에너지도 사야 합니다. 이 모두를 생산수단(Produktionsmittel)이라 합니다. 줄여서 Pm이라고 써 보죠.

마지막으로 인간 노동력(Arbeitskraft)이 필요하죠. 이 노동력(Ak)도 당연히 돈을 주고 사야 합니다. 상품을 생산해 이윤을 벌려면 인간 노동력이 가장 근본입니다. 아무도 노동을 하지 않으면 아무 일도 일어나지 않으니까요.

이제 기업들은 이렇게 구입한 생산수단과 노동력을 잘 결합해 뭔가 팔아먹을 상품(W′)을 만들어 내야 해요. 그리고 그것을 시장에 가서 팔아 다시 돈으로 바꿔 냅니다. 우리가 자본주의를 '돈 놓고 돈 먹는' 시스템이라 할 때, 앞의 '돈 놓고'는 다른 말로 '투자'입니다. 뒤에 '돈 먹는' 건 '이윤' 획득이죠. 나중의 돈은 당연히 앞의 돈보다 더 커야 합니다. 안 그러면 굳이 힘들게 투자를 해서 생산을 할 필요가 없으니까요. 자본주의란 더 많은 돈을 벌기 위해 돈을 투자해 돌아가는 시스템이니까요.

그런데 이때 노동력(Ak)은 도대체 어디서 나오죠? 하늘에서 떨어지는 것도, 땅에서 샘솟는 것도 아니고, 바로 사람한테서 나오죠. 사람을 독일말로 디 멘쉔(die Menschen)이라 하니 M으로 표시하죠. 이 사람(M)한테서 노동력(Ak)이 나오는데, 이 사람은 노동력을 파는 대신 뭐를 받을까요? 네, 임금(Lohn, Lo)을 받습니다. 기업이 상품을 만들 때 쓰는 돈(G)의 일부가 임금(Lo)으로 가는 거죠.

이 노동자는 자기가 번 임금을 그대로 먹을 수는 없죠. 돈을 바로 먹진 못하니까요. 그래서 어떻게 해야 하죠? 시장에 가서 상품(W′)을 사와야 합니다. 생활에 필요한 모든 물품, 줄이면 '생필품'이죠. 생활에 필요한 수단이라 해서 독일어로 레벤스미텔(Lebensmittel, Lm)이라 해요. 자, 시장에 가서 생필품을 갖고 오는데, 아무것도 안 주면 도둑이죠? 그래서 돈을 줍니다. 그런데 이 돈은 또 어디서 났죠? 바로 임금(Lo)에서 온 거죠. 이 돈을 (상품과 교환하면서) 지불하는데 그 돈이 이제 다시 기업에게 갑니다.

즉, 기업가가 노동력과 생산수단을 써서 만든 상품(W′)이 생필품으로 노동자에게 들어가고 그 대신 노동자가 받은 임금(Lo)이 다시 기업에게로 들어갑니다. 최종적으로 기업가가 벌어들인 돈(G′)은 당초에 투자한 돈(G)보다 불어나야 정상이죠. 이윤이 붙으니까요. 바로 이게 자본주의입니다.

전체적으로 도표를 잘 보시면, 돈이 (노동시장에서) 기업으로부터 나오는가 싶더니 다시 (일상시장에서) 생필품과 교환되어 기업으로 들어갑니다. 자본의 재생산이죠.

그런데 노동자 입장에서는 어떻게 되는 거죠? 돈(Lo)을 주고 상품(W')을 사와서 집에 가만히 모셔놓고 기도만 한다고 살아지는 게 아니죠? 그 상품, 즉 생필품(Lm)을 잘 사용하고 소비해야 합니다. 이걸 소비라 하는데, 다른 말로 생활과정(Lebensprozeß, Lp)이라 부르죠. 구체적으로 어떻게 해야 생활이 되죠? 밥도 해먹고, 집에서 쉬기도 하고, 옷도 입고 이렇게 살아야 됩니다. 소비생활이 곧 '레벤스프로체스', '생활과정'입니다. 이렇게 잘 먹고 또 잘 자야 다음 날 일하러 갈 힘이 납니다. 이 일하러 갈 힘이 곧 노동력(Ak)이죠. 생활과정에서 소중한 노동력이 다시 생산되는 셈입니다. 노동력의 재생산이죠.

그래서 자본주의란, 자본의 관점에서는 '돈 놓고 더 큰 돈을 먹는 사회'라 할 수 있어요. 그런데, 사람 또는 노동의 관점에서는 '노동력을 팔고 또 노동력을 다시 만드는 사회'라 해야 보다 정확합니다. 이 두 가지 톱니바퀴(돈의 축과 삶의 축)가 끊임없이 맞물려 돌아가는 걸 우리가 보통 (자본주의) '경제가 돌아간다'고 하는 겁니다. 이 과정에서 전체 덩치가 키지면서 상승히는 것을 한미디로 '경제성장'이라 부르고, 덩치가 쪼그라드는 것을 '경제위기'라 하는 거죠. 보통 우리가 보는 언론에 나오는 용어들도 실은 이 도표 하나로도 다 설명할 수 있습니다.

한편으로, 이 도표 하나 속에 우리 인생 과정도 다 들어 있어요. 한번 인생을 설명해 보죠. 인생의 출발을 '아기의 탄생'으로 보면, 아기의 탄생은 이 도표 중 어디서 찾을 수 있을까요? 네, 일단 돈의 축이 아니라 삶(사람)의 축에서 찾아야겠죠. '돈 나고 사람 났냐, 사람 나고 돈 났지'란 말도 있으까요.

앞에서 생활과정에서 잘 먹고 잘 쉬어야 다음 날도 노동력이 나온다 했는데요. 아기의 탄생은 바로 이 생활과정의 연장선에 있어요. 즉, 부모 세대가 한평생 노동한 뒤 죽기 전에, 아니 아직 팔팔할 때 할 일이 하나 더 있는 셈이죠. 아직 에너지가 넘칠 때, 다음 세대의 노동력이 될 존재인 아기를 낳아야 하는 거죠. 보통 사람들은 '아기를 낳는다'고 하지만, 자본은 아기를 '제2세대 노동력'이라 봅니다. 약간 씁쓸하지만, 이게 사태의 진상입니다.

그래서 사람들이 얼마나 아름다운 사랑을 나누는지, 얼

마나 행복한지, 이런 문제와 관계없이 국가는 전반적인 '출산율'을 몹시 걱정해요. 한국도, 다른 나라들도 '저출산, 고령화'가 심각하다며 걱정이 태산이잖아요? 아가의 탄생을 '제2세대 노동력'으로 보니, 이 노동력이 얼마나 풍성하게 잘 생산되고 있나, 하는 관점에서 바라보는 거죠.

물론 '한국에 노동력이 부족하면 외국에서 값싼 노동력을 수입하면 되지!'라고 할 수도 있죠. 그러나 부분적으로는 가능할 텐데 전면적으로 대체할 수 있을까요? 당장 (기술 문제는 논외로 치더라도) 언어 문제가 생산성에 걸림돌이거든요. 얼마 전에 유엔 자료를 보니까 이 세계의 언어가 500개가 넘더라고요. 다양한 언어를 가진 사람들을 노동력으로 부려 생산하기가 쉽지 않겠죠? 게다가 문화나 습성도 아주 다르잖아요. 한국인만큼 일 열심히 하려 하고, 밥도 빨리 먹고, 공부도 열심히 하는 준비된 노동력이 잘 없죠. 그러니 외국인을 모두 부려 과연 돈벌이가 되겠어요? 결국 자본 입장에서는 '한국' 노동력을 많이 생산해야 좋지요. 그래서 정부가 2006년부터 2021년까지 무려 280조 원을 투입했다는데, 요즘 출산율이 0.72명이라 해요. 천문학적 돈을 쏟아부어도 무용지물이죠. 청춘이 행복해야 하는데 사회가 엉망이니….

또 (하단 우측 Ak 아래, 제2세대 Ak에 보시듯) 아기가 태어났다 해서 저절로 (일 잘하고 말 잘 듣는, 게다가 값싼) 노동력이 됩니까? 안 되죠! 노동시장에서 써먹으려면 교육을 시켜야죠? 그 교육 과정이 어디에 있을까요? 바로 여기(하단 좌측 Ak 아래)죠. 이 노동력(Ak) 바로 밑에 긴 세월이 숨어 있어요. 그게 학교 교육 과정인데요. 이 노동력(Ak)을 사회적으로 쓸모 있게 만들기 위해 짧게는 12년간(초중고), 길게는 대학까지 16년 동안, 더 길게는 석사, 박사까지 20년 내외의 긴 세월 동안 교육을 받고 노동시장으로 나오죠.

그럼, 노동력이 되고자 학교 교육을 받는데 학교는 주로 뭐를 가르칠까요? 국, 영, 수, 사회, 윤리 등등을 배우잖아요. 말귀를 알아들어야 되니까 국어를 가르쳐야 되고, "오늘 생산 목표가 10개인데 넌 오전에 5개밖에 못했네. 오후에 열심히 해서 5개 더 만들어야 돼"라는 지시에 따르려면 노동자가 계산을 할 줄 알아야죠. 또 외국인과 소통하면서 상품을 팔려면 영어를 잘해야 하고, 독일어, 불어, 일본어, 중국어도 하면 좋겠죠. 기계를 다루는 기술도 좋아야 하고요. 그런 걸 하기 위해선 몸도 건강해야죠. 이 모든 걸(지식, 기술, 자격증) 합쳐서 일할 수 있는 능력을 노동능력이라 합니다. 이걸 위해 학교, 학원, 훈련원 같은 게 있죠.

그런데 기업이 원하는 노동력은 노동능력만으로 완성

되지 않죠. 동시에 노동의욕도 왕성해야 해요. 태도나 자세의 문제죠. 아무리 학벌이 좋고 자격증이나 기술이 뛰어나고 지식이 많아도, 관리자가 "이거 오전까지 해야 해" 하는데, "싫어요!" "안 해요!" 이러면 곤란하죠. 또 "아침 8시까지 나와야 해" 하는데, "늦잠 자고 오후 3시쯤 올래요!" 이러면 큰일이죠. 그러니까 노동의욕이 충만하게 교육해야 합니다. 한마디로, 군기 잡힌 노동력을 만드는 거죠. 예컨대, 체육시간에 체력을 기르는 한편으로 규율을 학습시키고, 윤리 시간에 (자본주의적 인간으로 살아가도록) 정신 무장을 시키는 일을 학교가 하고 있지요.

그래서 이 미래의 노동력(Ak)을 (노동시장에서 팔 수 있기까지) 키우는 데는 한편으로 노동능력, 다른 편으론 노동의욕을 잘 가르치는 게 필요하죠. 이게 자본주의 교육입니다. 그런 오랜 과정을 거쳐 비로소 돈 받고 파는 노동력이 준비되는 거죠. 이걸 노동력의 상품화라 해요.

이렇게 노동시장에 나가 어렵사리 취업해 이 생산과정에 참여하고 협력하는 노동력은 대략 40년 정도 이 과정을 반복하면서 '폐물'이 될 때까지 열심히 상품을 만들고 기업의 몸집을 불려 줘야 해요. 그게 자본주의에 살고 있는 우리네 인생이고 그렇게 노후를 맞이하죠.

노동시장으로부터 탈락돼 나와서 이제 노후를 좀 행복하게 보냈으면 좋겠는데, 서서히 여기저기 아프죠. 무릎도 아프고, 큰 병에 걸리기도 합니다. 이렇게 해서 결국 '병원 자본 키워 주러 가는' 꼴이 됩니다. 병원 자본 또한 '돈 놓고 돈 먹는' 원리로 돌아가죠.

거기서도 의사들과 간호사들이 열심히 일해 가지고 약이나 치료 등 온갖 상품을 팔아 병원 자본을 불려 주죠. 그렇게 하다가 생을 마치면, 이제는 '장례 자본'이 장례 상품을 팔아요. 요컨대, 살아도 돈, 죽어도 돈인 세상이 곧 자본주의입니다.

이렇게 노동력으로 만들어지고 나중에 폐기된 뒤엔 그저 한 줌의 재로 변하는 인생, 이게 자본주의 상품 세계 안에서의 인생살이죠. 좀 비참하고 서글픈 일이지만, 이게 우리네 삶의 진상 아닐까요? 그 속에서라도 조금 더 나은 자리를 차지하고자 아등바등 사는 게 우리의 모습입니다. 한두 줄로 요약하면, 아기가 탄생해 성장하고 늙어 한 줌의 재로 돌아가기까지 우리 인생을 자본이 정밀한 그물망으로 옭아매고 있는 것, 이게 자본주의 사회다, 이런 이야깁니다.

이런 이야기를 하면, 너무 절망적인 것 같은데, 그렇다고 너무 절망할 필요는 없습니다. 우리 인생의 100%가 다 자본의 손아귀에서만 놀고 있지는 않기 때문입니다. 오히려 거꾸로입니다. 희소식도 있는 셈이죠.

삶을 자세히 들여다보면, 부모가 자식을 낳고 기를 때, 얘는 500원짜리 노동력이 될 녀석, 얘는 1만 원짜리 노동력이 될 녀석, 하면서 밥의 양을 성적순대로 주진 않죠. 부모의 사랑을 학업 성적에 따라 '공정하고 합리적으로' 배분하면서 키우진 않아요. 대부분 다 '사랑'으로 키웁니다. 열 손가락 깨물면 다 아프듯이 아이들은 누구나 사랑스럽죠. 이 아이에게서 본전 뽑을 만큼만 투자한다는 생각으로 사랑을 하진 않아요. 누구도 그런 계산을 하진 않죠. 물론 요즘 젊은 부모들은 그런 계산을 좀 많이 하는 것 같기도 해서 좀 불안합니다마는…(웃음).

또 우리에겐 친구도 있고, 여러 모임들도 있죠. 삶의 과정에서, 시장에서 상품 교환하듯 살진 않아요. 내가 얼마짜리 결실을 얻을 수 있으니 너에게 이걸 해줄 거야, 라는 식으로, '등가교환' 법칙으로 살진 않죠. 서로 인정(人情)을 나누고 선물을 주고받으며 우애롭게 사는 관계들, 그게 사람답게 사는 거라 느끼죠. 이 느낌을 배신하지 않는 게 사람이죠.

이렇게 친구, 이웃, 타인을 사랑한다면, 계산을 안 하는 것은 물론이고, 상대방이 기뻐하도록 정성을 다하고 그 마음을 상대방이 알아주기만 해도 고마움에 눈물이 나죠. 대가를 바라지 않는 게 사랑인데, 때로는 그 정도가 아니라, 내 마음의 선물을 받아 주기만 해도 그 자체가 고마워 이미 큰 선물을 받은 것처럼 되는 관계, 이게 참된 관계죠.

이 참된 사랑의 관계가 곧 인간적인 삶인데, 이 인간적인 삶의 관계나 과정들이 일단 자본관계 안으로 들어가기만 하면 체계적으로 파괴되고 식민화합니다. 바로 이게 우리가 앞서 살핀 자본주의죠. 제가 40년 동안 공부한 걸 지금 40분도 안 되어 브리핑을 해드린 겁니다.

우리가 잃어버린 것들

이렇게 자본주의에 대해 말씀을 드렸는데, 사실 이런 원리들을 우리가 몸으로 느끼고 있고, 단편적으로라도 문제가 있다고 느끼실 겁니다. 한국 사회의 자본주의 시스템 안에서 우리는 여러 혜택을 얻고 있지만, 또 잃어버리는 것도 많죠. 정말 요즘은 옛날에 비하면 모두들 재벌처럼 살고 있죠. 아마도 세종대왕보다 더 잘 먹고 더 많은 걸 누리며 살고 있다고 할 수 있습니다.

그러나 다른 한편으로 숨쉬기도 힘들 정도로 초미세먼지가 심하고, 발전소 주변에 사는 분들은 암으로 돌아가신 분들도 많죠. 또, 발전소나 소각장 주변이 아니라 해도, 우리 눈에 보이진 않지만 미세하게 닳은 타이어 가루 같은 걸 매일 코로 마시며 살고 있지요. 후쿠시마 방사능 누출 사고로 상징되듯이 전기를 쓰는 대가로 방사능이 우리 몸속에 들어올 확률도 높죠. 실은 후쿠시마 원전 사고 이전부터 방사능 위험은 늘 있어왔고요. 갈수록 심해지는 거죠. 아파트나 건물에서도 세슘이나 라돈 같은 방사능 물질이 나오고 있고, 환경호르몬도 많이 먹고 있죠.

이런 물리적인 고통이 아니더라도, 자녀 교육 등을 둘러싼 심리적인 고통도 만만치 않죠. 우리 사회가 아이들이 깔깔거리며 자라나고, 자라서는 자기 좋아하는 일을 찾게 해주고 어떤 일을 하더라도 사회적으로 비슷하게 대접하는 사회라면 부모들이 그렇게 불안하진 않겠죠. 하지만 우리 사회는 죽어라 공부하고 '좋은' 학교에 진학하고 돈을 많이 버는 직장에 다녀야지만 사람대접 받는다는 '틀'을 아이들에게 강요하다 보니 아이들이 편안하게 자라나기 어렵게 되었죠. 아이를 키우는 부모의 스트레스도 상당하고요.

이런 상황을 우리 자녀들, 혹은 손자, 손녀들을 놓고 다시 생각해 봐야 합니다. 100년을 산다 해도 짧은 인생이고, 매일 행복하게 살아도 모자랄 판인데, 학교 가서 남한테 '인정'받으려고 별로 하고 싶지 않은 공부를 한다고 10~20년 동안 죽을 고생을 하고, 그러느라 친구도 못 만나고 좋은 영화도 못 보고, 자신의 필요나 욕구를 억압하면서 겨우 직장에 들어가는 거죠. 그렇게 죽어라 공부해서 가령 고급 공무원이 되어서 국민들 앞에서 때로는 사기를 치고, 혈세를 거둬 '특수활동비'랍시고 엉뚱한 데 날려 버리기도 하고, 건설업자 도와주는 새만금 사업이나 4대강 사업 같은 것 한다고 수십조를 쓰는 일도 수시로 하죠.

그래서 우리네 일상을 가만히 들여다보면 오히려 50~60년 전에 농어촌에서 가난하고 소박하지만 이웃 간에 정이 있고 물 좋고 인심 좋게 살아가던 우리 어른들 모습이 근본이 아닌가 합니다. 그런 인정과 자연을 잘 지켜 내면서 물질적으로 천천히 가도 좋은데, 지금까지는 거꾸로 해왔죠. 물질적으로는 급속히 성장했는데, 인정도 자연도 다 망가지고 있어요.

『오래된 미래』라는 책도 있죠. 인도 북부의 라다크라는 마을 사람들 이야깁니다. 이 라다크 마을 사람들처럼 우리도 옛 어른들이 살아온 기반 위에서 이웃사촌 간에 정도 살아 있고, 물 맑고 공기 좋은 상태를 유지해 나가자는 것이 사회적으로 합의가 되고 그렇게 조금씩 천천히 균형을 잡아 나갔다면 어땠을까 합니다. 그랬다면 적어도 지금처럼 교육이 심각하게 경쟁을 부추기거나, 젊은 세대가 N포 세대라 불릴 정도로 또 수십만 은둔 청년이 나올 정도로, 사회 전반이 마치 물속으로 빠져 들어가던 세월호 꼴이 되는 건 막을 수 있었다고 봅니다.

갈등과 협력

자본주의 사회에서는 갈등과 협력이 공존합니다. 공장 안에서는 임금 때문에 갈등이 있죠. 더 많이 달라, 안 된다 하면서 갈등이 있지만, 또 협력을 통해 상품을 만들어 내야 돈을 벌고 월급을 받겠죠. 회사가 벌어들인 돈은 다시 다음 노동력을 고용하는 데 들어가면서 이 갈등과 협력의 과정이 반복됩니다. 실은 그러면서도 자본이 몸집을 더 많이 불리죠.

　이런 갈등과 협력은 사회 전체 차원에서도 찾아볼 수 있습니다. 산업에서 발생하는 공해로 공기가 더러워지기도 하고, 아파트를 짓다가 사람이 죽어 나가기도 하죠. 이윤을 위해 입주민들의 생활은 별로 생각하지 않고 아파트를 짓기도 합니다. 이린 문제들을 둘러싸고 많은 갈등이 있죠.

쓰레기 문제도 심각하죠. 도시나 시골이나 예외 없이 쓰레기가 엄청나게 쏟아져 나오고 있고, 매립장이나 소각장을 둘러싼 갈등이 말도 못합니다. 이런 시설을 짓고 주변 주민들에게 현금을 막 뿌려 저항을 잠재우죠.

음식을 먹는 일도 조심스럽죠. 건강을 특별히 신경 쓰는 분들은 밖에 나가 먹는 걸 매우 조심스러워하잖아요. 겉으론 때깔 좋고 당장 입맛에 당겨야 하니까 온갖 첨가물들이 들어간 음식이 팔리거든요. 실은 몸에 좋진 않죠.

이렇게 사회적으로 여러 차원에서 건강이나 생태계, 공동체를 둘러싼 갈등이 일어날 수밖에 없는데, 많은 경우 문제를 일으킨 자들은 돈으로 협조를 끌어내려 합니다. 아니면 '경제성장'이라는 미명하에 또는 '우리나라, 선진국 만들자'라는 구호 아래 협력을 하라 하죠.

그런 마인드를 강화하는 방편으로 제일 좋은 게 '국제 경기'죠. 일례로, 한국하고 일본이 싸운다. 그러면 모두들 흥분해서 한국을 응원하잖아요. 독재체제일수록 그런 국제 경기를 자주 해요. 국민들을 하나로 통합하는 데 도움이 되니까요. 경제성장, 선진국, 일등 국가⋯ 이런 걸 위해 애국심,

애족심을 이용하는 셈이죠. 실은 자본이 몸집을 불리는 과정인데 말입니다. 그런 걸 도와주고 국회의원이나 정치가들은 후원금 명목으로 뒷돈을 받기도 하고요.

자본 vs. 생명

그래서 이제 사람과 사람, 사람과 자연의 관계를 중심으로 자본주의를 바라보면서 자본의 운동 속에서 인간의 삶이 어떤 식으로 뒤틀리는가, 그리고 자연 생태계는 어떤 식으로 체계적으로 파괴되는가를 살펴보려 합니다.

우리가 살아가기 위해서는 우선 숨을 쉬어야 하죠. 숨을 쉬려면 공기가 있어야 하고, 깨끗한 물도 마셔야 살 수 있는데, 이런 것들을 주는 것이 자연 혹은 생태계죠. 굳이 따지자면 사람도 자연의 일부이니까 생태계에 속해 있는 겁니다. 대자연, 곧 생태계는 사람이 살기 위해 기본적으로 필요합니다. 이 생태계를 바탕으로 사람들이 사회를 이루어 함께 모여 살아가죠.

사실 '사회'는 근대 자본주의의 개념이고 개인과 관계들의 집합체죠. 인간이 자연 속에 모여 오순도순 살아가던 모

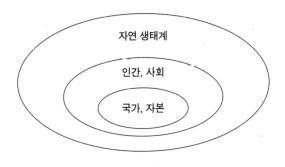

[도표 2] 자연, 인간, 자본의 상대적 관계

습은 '공동체'라 부르는 게 더 정확합니다. 근대 이후로 기존의 공동체가 깨지고 개인들이 생겨나는데, 이 개인들의 연합체가 '사회'라는 것으로 구성되죠. 바로 여기서 근대 국가 개념도 나오고요.

그러니까 집합으로 보면 자본이나 국가는 가장 작은 범위를 차지하고 있는 겁니다. 다시 말해 생태계가 가장 크고 밑바탕이고, 그다음에 인간이 그 바탕 위에 살아가고, 자본이나 국가는 사람이 만든 거니까 가장 작은 범위라는 거죠. 그러니 자본은 생태계와 인간이 없으면 존재 자체가 불가능합니다. 근본 이치를 보면 그렇죠.

이 말을 거꾸로 생각해 보면, 자연은 사람이 없이도 존재했고, 마찬가지로 자본주의와 근대 국가가 없어도 인간 사회나 공동체는 존재하고 생태계도 존재한다는 말이죠. 삶의 실상이 그렇다면 자본과 국가는 사람이나 자연 앞에 엄청 겸손하고 조심해야 해요. 슈바이처 박사가 말한 '생명에의 외경'과 같은 태도가 꼭 필요한 셈이죠.

고등학교 때 세계사나 정치·경제를 배울 때, 자본주의의 역사에 대해 단편적이나마 배우잖아요. 지구의 역사가 46억 년이라 하면, 생명이 탄생한 것이 38억 년 전, 호모 사피엔스가 출현한 것은 30만 년 전쯤 된다 하죠. 그사이 인류가 농사를 짓고 살기 시작한 것은 불과 1만 년 전이라 해요. 이렇게 생태계의 긴 역사가 있는데, 자본주의는 겨우 16세기경부터거든요. 그 이전에는 르네상스가 있었고, 더 전에는 봉건제 사회, 노예제 사회가 있었죠. 우리가 철학의 시작으로 알고 있는 플라톤과 소크라테스가 살았던 시대가 노예제 사회였죠. 미국에서 남북전쟁 뒤(1865년)에 노예해방이 선언되었으니 150년 전만 해도 노예가 있었다는 말이죠. 그러니 자본주의는 몇백 년 안 된 시스템이죠. 노예제나 봉건제처럼 얼마든지 변할 수 있고 변해야 한다는 말이기도 하고요.

이게 서양의 역사라면, 한반도는 조금 달라요. 우리는 조선시대 때 노예도 있고 농노도 있었죠. 이후 일제 강점기인 1920년부터 본격적으로 자본주의 산업화가 시작되었습니다. 이걸 일제가 '발전시켜 줬다'고 보는 견해도 있는데, 우리가 볼 때는 일본이 자본주의 내지 제국주의 구도 속에서 자기네 상품을 만들고 팔아먹는 과정에 식민지 인력을 동원하고, 철도를 놓아 쌀이나 목화 같은 걸 체계적으로 수탈해 간 것이지, 그런 것 없이 그저 '발전시켜 준' 건 아니죠. 이렇게 보면 우리에게 자본주의의 역사는 서양보다 훨씬 더 짧아요.

그런데 서양이건 동양이건 이 자본주의 산업화의 역사를 거꾸로 보면, 자연은 사람이나 자본 없이도 존재 가능하고, 사람은 자본 없이도 잘 살아왔지요. 물론 그렇다고 봉건제나 노예제가 지금보다 좋았다는 말은 전혀 아닙니다.

반면, 자본은 자연이 없어도 큰일이고 사람이 없어도 큰일이에요. 만약 어떤 두 사람이 협상을 하는데, A라는 사람은 B가 없어도 상관이 없지만, B라는 사람은 A가 꼭 있어야 한다면, 교섭에서 누가 힘이 셀까요? 당연히 상대가 없어도 상관이 없는 A가 더 협상력이 크죠.

그런데 자본과 사람 사이에서는 좀 이상한 일이 벌어집니다. 원리나 이치대로라면 자연이 힘이 가장 세고, 그다음에 인간, 마지막이 자본이어야 하죠. 자본이 인간과 자연에

도와 달라고 해야 할 것 같은데, 실제로는 사람들이 제발 일자리를 달라고, 자연을 개발해 달라고 자본에 애원을 합니다. 기묘한 일이 벌어지죠. 왜 이렇게 되었을까요? 그건, 한마디로 '돈맛'을 알았기 때문입니다. 달달한 설탕에 중독되듯 돈맛에 중독된 거죠. 어떻게요?

어릴 때부터 어른들의 모습으로 보면서 거의 본능적으로 '돈이 있으면 모든 걸 살 수 있다'고 배우죠. 게다가 우리는 돈맛을 알도록 많은 언론 매체들로부터 교육을 받죠. TV만 틀면 많은 광고가 안락하고 '있어 보이는' 삶을 위해 돈을 더 많이 벌어 상품을 사라 하죠. 우리가 접하는 학교 교과 과정에서도 이런 가치관을 가르치고, 정치가들이 내뱉는 말에도 다 자본의 마인드가 내면화되어 있습니다. 그런 가치관을 갖도록 체계적인 교육이 이뤄지죠.

그런데 또 마음 한 구석에서는 '이런 건 좀 이상한데…' 하는 느낌도 있습니다. 굳이 꼭 필요하지 않은 걸 왜 이렇게 많이 사야 할까? 이런 의구심이죠. 바로 이걸 우리가 절대로 잊어버리면 안 돼요. 그런 느낌이나 질문들, 이 마음의 불씨를 살려내야 비로소 다른 세상이 가능할 여지가 있는 거예요. 근데 그것마저 없애 버린다면 정말 절망이죠.

예를 들면 오찬호라는 사회학자가 쓴 『우리는 차별에

찬성합니다』라는 책이 있어요. 이런 제목을 들으면 '어떻게 저런 생각을 할 수 있지?'라는 생각이 드는데, 실제로 요즘 젊은 세대들은 이렇게 말한다는 거예요. 여태 우리의 상식은 '모든 사람은 평등하다'인데, 말입니다.

실은 저도 비슷한 경험이 있어요. 대학에서 수업할 때, 4학년 학생이 손을 번쩍 들고 "선생님은 공동체나 더불어 사는 삶을 강조하시는데 왜 우리가 꼭 그렇게 살아야 되죠? 저는 제가 열심히 해서 상층부에 올라 많은 걸 누리면서 살고 싶은데요. 선생님께서 공동체로 살아야 한다고 말씀하시는 근거가 뭐죠?"라는 질문을 하는 겁니다. 기가 막힌 상황이었죠. 그러고 보니, 제가 대학에서 빨리 퇴직하고 싶었던 거에 이런 분위기도 한몫했다는 생각이 드네요. 어쨌든 지금은 '차별에 찬성하는 세대'가 당당하게 등장했다는 겁니다.

잘 보면 이건 '형식적인 공정성'에 빠진 거예요. 공정성이란 것도 맥락에 따라 좋은 것이 되기도 하지만 아주 나쁘게 되기도 해요. 일례로, '인간적인 공정성'이라면 어떤 모임을 할 때 사정이 어려운 친구가 있으면 회비를 면제해 주기도 하고, 장학금을 탄 친구가 있으면 한턱 쏘기도 하는 건데, 지금은 그런 분위기가 아닌 거죠. 내 점수가 높으니 더 많이 가져가는 게 당연하고, 누가 공부를 못하면 루저가 되는 게 당연하다고 보는 거죠. 능력과 실력이 없으면 아무것도 없다는 거예요. 이게 형식적인 공정성 또는 기계적인 공정성인데, 결국은 자본이 원하는 공정성이 바로 이런 겁니다.

이렇게 이제는 자본과 노동이 대립하는 단계를 넘어, 자본주의적 합리성이 우리 인간성 속에 깊이 내면화된 시대라고 봐야죠. 내 안에 자본이 들어와 있는 거죠. 조지 오웰의 『1984』에 보면 감시자가 '우리는 너를 복종시킬 것이다. 그러나 마지못해 복종하게 만드는 게 아니라 자유로운 선택에 의해서 네 영혼이 스스로 복종하는 걸 기뻐할 정도로 그렇게 너를 만들 것이다'라는 식으로 말하는 장면이 있습니다.

사람들이 처음엔 독재 권력에 거듭 저항을 하다가도 여러 차례 탄압을 받으면서 트라우마(상처) 같은 게 깊어지면 마인드가 달라지죠. 그리하여 '싸워 봤자 질 게 뻔하고 그렇다고 멀리 도망갈 수도 없다면' 생각을 바꿉니다. 어차피 안 되는걸, 그냥 여기서 출세와 성공을 한번 해보자. 그래서 권력이나 자본의 논리를 굳게 내면화한 채 '열심히' 해서 성공하려고 합니다. 이런 식이죠. 저는 이런 걸 '강자동일시' 심리라 부릅니다.

특히 신세대로 갈수록 저항의 마인드보다 적응의 마인

드, 연대의 마인드보다 성취의 마인드를 강하게 가지게 되죠. 이건 신세대 자체의 문제라기보다 사회 전반의 분위기가 그렇게 바뀌었기 때문입니다. 그 결과 중 하나가 '차별에 찬성한다'거나 '형식적 공정성'을 중시하는 것들이죠.

이렇게 성공이나 출세의 마인드가 강해지고 너도나도 특권층 내지 상층부 진입이 인생 목표가 되다 보면, 다른 사람들이나 자연 생태계에 대해선 전혀 거들떠보지도 않고 오로지 돈벌이가 되는가 하는 것에만 관심을 기울이게 됩니다. 이른바 '황금만능주의' 내지 '물신주의'가 온 세상을 지배하게 되죠.

그러니까 이런 분위기가 사회를 지배하게 되면 여기저기 공업단지를 만들어 수출 많이 하고 GDP(국내총생산)를 올리면 잘 사는 나라가 된다고 굳게 믿게 돼요. 수출액을 늘리기 위해선 '돈 안 되는' 논밭을 허물거나 나무와 숲을 없애버리고 공장을 짓고 도로를 내는 과정들이 전혀 고통스럽지 않게 되는 거죠. 개발과 발전과 성장을 위해서는 바다를 메우고 논밭이나 산을 허무는 것이 불가피한 일이라며 자연스럽다는 듯 정당화를 해버리는 겁니다.

제가 딱 30년 전 1994년에 독일에서 박사 논문을 쓰고 돌아왔는데, 그 논문의 출발점이 된 기본 아이디어가 이거

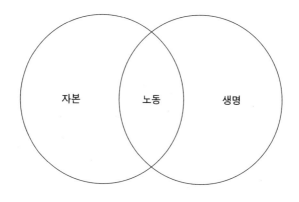

[도표 3] 자본과 생명의 적대관계, 그리고 노동

였거든요. 자본주의 사회에서 우리는 흔히 자본과 노동의 대립만 바라보는데 실은 자본과 생명이 대립하고 있다는 겁니다. 자본과 생명의 적대관계에서 인간 노동이 중간에서 매개 역할을 하는데, 노동이 잘 하면 생명의 편이 되지만, 현실은 생명을 끌어다 자본에 갖다 바치는 역할을 하고 있다는 게 근본 착안점이었습니다. 나중에 보니, 김종철 선생님은 이런 상황을 인류가 '집단 자살 체제'를 만드는 거라고 표현하셨더라고요.

자본주의의 역사

그런데 이런 자본주의가 결코 하루아침에 만들어진 건 아닙니다. 이 자리에서 자본주의 역사를 교과서처럼 체계적으로 말씀드리긴 어렵지만 대체로 아래와 같은 흐름으로 진행되었다고 보시면 됩니다.

큰 흐름으로만 보면, 봉건 시대 말기(13~14세기)의 농민 반란, 그리고 지리상의 발견과 원주민 학살, 이어 15~16세기 인클로저 운동과 노동력 상품화, 18세기 영국의 산업혁명, 식민지 개척과 1차, 2차 세계대전, 공황과 실업, 2차 대전 이후 복지국가 체제, 1980년대 이후의 신자유주의 세계화, 1990년대 초 소련과 동구 사회주의 블록 해체, 글로벌 캐피털리즘(지구 자본주의), 2008년 미국발 세계금융위기, 그리고 오늘날 우리 앞의 기후위기 내지 6차 대멸종 경고까지가 지금까지의 자본주의 역사라 할 수 있지요. 이게 큰 흐름인데, 이걸 하나씩 찬찬히 살펴볼까요?

유럽에서는 봉건제 말기에 1350년대 무렵 농노로 뼈 빠지게 일하던 농민들의 반란이 많이 일어났어요. 그래서 일종의 농민 해방구가 여기저기 생겼어요. 우리나라는 조선시대인 1860년대 무렵에 농민 반란이 제법 많았죠. 그러고 보니 서양보다 조선이 약 500년 늦네요.

이제 신분이 좀 자유로워진 농민들이나 수공업 길드 장인들은 토지나 작업도구 등 생산수단을 스스로 소유하니까 이제 '살 만하게' 된 거죠. 농민이 땅만 있으면 살 만하다는 건 조정래 선생의 『태백산맥』 같은 소설에도 잘 나오죠.

정확한 페이지는 기억이 안 나지만, 『태백산맥』 어딘가에 총 들고 싸우던 빨치산 노인이 한 말이 제 귀에 맴돌아요. '우리가 총 들고 이렇게 싸우러 다니지만, 내 작은 소망은 이 싸움이 끝나고 나서 내가 경작할 수 있는 땅 몇 마지기 가지고 마누라랑 자식들과 오순도순 사는 거다'라는 이야기가 있었는데, 이런 마음이었다는 거지요.

이른바 빨치산들이 무슨 국가권력을 탐하거나 세상을 어지럽히고자 한 게 아니었단 말씀이죠. 오히려 국가권력을 탐하는 자들은, 다는 아니지만 국회의원이나 대통령 같은 게 되려 하는 자들이라 봐야죠. 해방 후 한국전쟁까지 당시 투쟁했던 사람들의 가슴 깊은 소망은 그렇게 약간의 땅을 가지고 농사지으며, 또 좋은 이웃과 함께 어울리며 살고 싶다는 것이었지요.

그렇게 농민 반란 뒤엔 지리상의 발견이나 신대륙에서의 원주민 학살, 아프리카 노예무역 같은 일이 있었죠. 그래서 이제 한편으로 보통 우리가 알고 있는 상공인 계층들 중에선 당시 왕하고 결탁해 가지고 돈을 얻거나 빌려 신대륙을 발견하려던 자들이 있었지요. 콜럼버스나 코르테스 같은 이들입니다. 이들이 중미나 남미에 가선 정말 몹쓸 짓을 많이 했거든요.

보통 콜럼버스가 신대륙을 '발견'했다 하지만, 그건 발견이 아니라 그냥 '도착'한 거죠. 엄연히 원주민들도 많이 살고 있었는데 이 개척자들이 느닷없이 들어가 "야만인" 내지 "짐승들"이라며 무기로 살해하고 짓밟아 뭉개고 그랬죠. 당시 남북 아메리카 대륙에 원주민 내지 선주민들이 1천만 명이상 살았다 하는데, 이제 거의 다 멸종되어 버린 셈이죠. 대부분 학살당했고, 일부는 서양인들에게 동화되어 버렸고, 아주 극히 일부만 '인디언 보호구역' 같은 데 갇혀 사는데, 실상이 아주 어렵다고 해요. 또, 서양 백인들이 아프리카 같은 데 들어가선 원주민들을 강제로 납치해 노예로 팔아먹는 만행도 서슴지 않았다 하죠.

그러면서 15~16세기 영국이나 유럽에서는 인클로저 운동이 일어납니다. 그동안 신분이 자유로워진 농민들이 농사짓고 잘 살고 있는데, 이 농민들을 토지로부터 쫓아내는 만행도 벌어지지요. '인클로저'라는 게 실은 '울타리 치기'인데 다른 말로 공유지 같은 땅을 사유화한다는 거예요. 예전엔 누구나 와서 소에게 풀 먹이고 염소 매놓고 풀 뜯게 하던 그런 공간들을 모두 개인 사유지로 만들어 울타리를 둘러쳐 못 들어가게 막고 그 대신에 그곳에 양을 키웠다는 거죠. 그 양털은 공장에다 원료로 공급하고 쫓겨난 농민들은 나중에 노동력으로 공급됩니다. 그 결과 영국이나 유럽 대륙은 국내에선 산업화를 전개하고 대외적으로는 해외 식민지 개척으로 나갔던 겁니다.

흔히 우리는 봉건제가 해체되면서 곧장 자본주의가 발달한 걸로 알지만 사실은 다르답니다. 봉건제 말기에 자유로워진 농민들이나 수공업자들이 나름 '해방구' 비슷한 시대를 열고 있었는데, 그걸 인클로저 운동이나 국가의 폭력 개입 같은 게 들어와 완전 박살을 냈던 셈이죠. 이런 역사를 우리가 잊어선 안 됩니다. 나중에 참고문헌에 제가 알려 드리겠습니다마는, 제이슨 히켈(Jason Hickel)이란 영국 학자가 『적을수록 풍요롭다』란 책을 썼는데, 그 책에 좀 더 자세한 얘기가 나옵니다. 참고하시면 좋겠고요.

그리고 이제 그 시기가 지나서 우리가 잘 알고 있는 산업혁명이 일어나지요. 그런데 18세기 이후 산업혁명이란 걸 좀 달리 보면, 증기기관 돌리느라 석탄 광산을 개발하는 가운데 자연 생태계가 서서히 파괴되기 시작한 것이라고 볼수 있습니다. 물론 그 이전부터(15~16세기) 라틴아메리카에선 금이나 은 광산 개발도 대단했지요. 나중엔 석유가 개발되고 대형 댐을 건설해서 전기를 만들기 시작했는데, 이 모두가 자연 생태계 입장에서는 훼손과 파괴의 과정이었지요. 또 산업혁명에 필요한 온갖 원료나 농산물, 기계란 것도 모두 자연에서 오는 거니까 자본과 인간에 의한 자연 약탈의과정이 바로 산업혁명이었습니다.

실제로 농업에도 자본주의가 등장하면서 양모와 목화생산이 대대적으로 이뤄지고 나중엔 농업생산성 향상을 위해 화학비료, 살충제, 제초제 같은 게 대량 사용되지요. 이런게 토양침식, 토양오염, 수질오염과도 연관되고요.

공업에서는 오늘날과 같은 대형 공장이 곳곳에 서고 기계 시스템이 갈수록 복잡해지죠. 그렇게 생산이 대량으로이뤄지니 원료 공급지나 상품 판매지로서 식민지 개척이 더욱 활발해지고요. 구한말 조선이 서양 열강의 통상 압력을받게 된 것도 이런 흐름의 마지막 단계였던 셈이지요. 결국엔 일제 식민지가 되었지만요.

그렇게 강대국들이 서로 식민지를 차지하려다 결국은우리가 아는 제1차, 제2차 세계대전이라는 전쟁을 하게 되

없습니다. 그런데 전쟁은 보통사람들에겐 재앙이지만, 거대 자본들에게는 굉장히 좋은 기회가 됩니다. 자본축적의 기회죠. 왜냐면, 합법적으로 세상을 파괴하고 나서 다시 '재건'이라는 명목 아래 모든 걸 새로 만드니까요. 집도 짓고 다리도 놓고 학교도 짓고 등등. 사람들에게 필요한 생필품도 만들어 내야 하는데, 이게 모두 돈벌이에 '노다지'가 되는 거죠.

사실, 자본주의 경제란 게 처음에 공장이 생기고 상품을 만들 적에는 아직 아무것도 없으니까 만드는 족족 다 팔리죠. 만들기 바쁩니다. 그런데 점점 모두 돈 벌려고 만들어 대니까 경쟁도 치열해집니다. 그렇게 어느 정도 시간이 지나면 자유 경쟁이 예전처럼 이뤄지는 게 아니라 슬슬 힘센 자본들이 주변을 집어삼키면서 독과점체가 형성되죠. 몇몇 독과점체가 마침내 전국 시장을 장악하고 나면 그다음 단계는 더 팔아먹을 데가 없으니까 어떻습니까? 이제, 해외로 나가죠. 한편으로 해외로 나가면서도 다른 한편으로 TV나 신문 등 광고를 통해서 소비 시장을 넓히는 거죠.

예를 들어 볼까요? TV에서 이런 광고가 나옵니다. "오랜만에 만난 친구가 어떻게 사느냐고 물었다. 그래서 나는 아무 말도 않고 내 자동차를 보여 주었다." 이런 식으로 자동차나 아파트를 영상으로 보여 주는 거지요. 그걸 본 우리들은 "아, 저 정도는 살아야지" 이렇게 됩니다.

유명 연예인이 입은 옷, 아니면 대통령 부인이 들고 다니는 명품백, 이런 게 모두 선전이나 광고가 되는 셈이지요. 꼭 그런 게 아니라 해도 상당수 사람들은 명품이란 것에 목을 매기도 하더라고요. '오픈런'이란 말이 있는데, 백화점 문을 열자마자 막 서로 사려고 뛰어 들어간다는 거지요. 물론, 이런 점은 우리가 자본주의에 살면서 얼마나 인정 욕구에 목이 마른지를 알려 주는 심리적 문제이기도 합니다. 자본은 그런 부분도 노려서 마케팅에 반영하지요.

일반 상품이건 명품이건 자본은 많이 만들어 많이 팔수록 돈을 법니다. 잘 보시면 이른바 산업화라는 과정들이 결국은 자본주의 돈벌이 과정인데, 그 과정에서 점점 더 자연 생태계가 파헤쳐지고 더 이상 재생이 불가능할 정도로 망가진다는 게 문제입니다.

재생 가능성이라는 측면에서 생각나는 책이 있습니다. 『작은 것이 아름답다』라는 책을 쓴 E. F. 슈마허(Ernst Friedrich Schumacher) 선생이 있죠. 제가 이 책을 처음에 봤을 때 제목도 좋았지만 내용에서도 좀 신선했던 게 있어요. 그것은 슈마허 선생이 지구의 자원을 재생 가능한 자원과 재생 불가능한 자원으로 명확히 구분을 한 겁니다.

너무나 평범한 이야기인데, 범상치 않게 들렸습니다. 그 것은 아마도 우리가 여태껏 경제활동을 하는 과정에서 재생 불가능한 자원이 있다는 생각을 못했기 때문일 겁니다. 모든 자연은 마치 영원할 것처럼, 그래서 마구 퍼 와도 괜찮다는 생각을 한 게 아닌가 합니다. 지금처럼 자본주의가 자연 자원을 빨리, 그리고 많이 써버린다면 얼마 안 가 동이 나겠지요. 그래서 저는 그 구분을 보고 "아, 맞아. 분명히 재생 불가능한 자원이 있지"라며 맞장구를 쳤지요.

그런데 실은 '재생 가능한 자원'조차 너무 많이 너무 빨리 써버리면 부작용이 생기죠. 예를 들면 태양광, 재생 가능하죠. 앞으로 한 50억 년 동안은 태양이 안 사라진다고 하니까요. 물론 50억 년 뒤에는 사라진다는 말이기도 하지만, 일단 당분간 사라지지 않는다고 해보죠.

그래서 태양광이 50억 년 동안 우리를 비출 것이라 당연시하면서 태양광 발전을 무지막지한 규모로, 그것도 아무데나 패널을 설치하게 되면 거기서 전자파라든지 산사태나 반사광이라든지 온갖 부작용도 생기잖아요.

그리고 지금도 많은 분들이 걱정하는 것이 10년 뒤 20년 뒤에 이 폐자재들을 어떻게 할 것인가? 그것도 양이 너무 많아지면 감당이 안 되는 수준이죠.

근데 하물며 '재생 불가능한 자원'에 대해선 어떻게 할 거냐, 이런 문제죠. 예를 들면 석탄, 석유, 가스 같은 게 1~2년 만에 만들어지는 거 아니잖아요. 논밭도 한 번 허물어 도로나 공장이 되어 버리면 다시 논밭을 만들기가 어렵죠. 다른 광물들도 마찬가지고요.

석유를 보면, 무려 5억 년이란 긴 세월 동안 나무가 썩고, 썩은 뒤 눌리고, 뜨거운 열기에 그게 녹아서 석유가 된다 하지요. 또 그걸 퍼 올리고 가공하고 해서 우리가 쓸 수 있는 정도로 만들어 내는 것인데 수억 년의 역사가 거기 농축되어 있는 거죠. 그런 거를 우리가 불과 100~200년 사이에 다 써버린 거예요.

그러니까 어찌 보면 한평생 벌어 가지고 큰 병에 걸려 병원 가서 하루아침에 탈탈 털리는 꼴이죠. 인류가 수억 년에 걸쳐 만들어진 지구 자원을 불과 수백 년 사이에 다 써버리는 꼴과 원리상 같다는 겁니다.

제 어릴 적만 해도 어머니들이 빨래 들고 하천에 가서 빨랫비누로 빨래했잖아요. 저는 속으로는 걱정했는데 이제 큰 차원에서 보니까 빨랫비누만 해도 물에 잘 풀려서 녹아들었다 해요. 물론, 양적으로도 하천이 자체 정화할 수 있는 정도의 범위 안에서는 큰 문제가 없었다는 거지요.

그런데 그게 수십 년 반복되면서 더 많이 늘어나고 이제는 세탁기에 들어가는 세제가 빨랫비누와 달리 물에 잘 녹지도 않는다 해요. 설사 녹는다 해도 워낙 양이 많다 보니, 이제는 하천이 감당이 안 되죠. 정화조에서 정화를 해도 별로 소용이 없으니까요. 게다가 빨래할 때마다 화학섬유에서 나오는 미세플라스틱이 제법 많다고 해요. 스웨덴 가전제품 회사에 '일렉트로룩스'(Electrolux)가 있는데 그 자료에 따르면 옷 1kg을 10분간 세탁기에 돌릴 때마다 평균 10~15mg의 미세플라스틱이 배출된다고 해요. 요즘 우리가 입는 옷의 양만 해도 많죠.

특히 공장에서 옷 만들어지는 속도를 보세요. 공장에선 초를 다투면서 나오잖아요. 자동차도 1분에 한 대 나오기 바쁘거든요. 그것도 늦다고 50초에 한 대 만들라, 아니다, 45초로 당겨라, 아니다. 이걸로 싸움하다가 2005년도에 양봉수 열사라고 울산 현대자동차 공장에서 돌아가셨잖아요. 제가 칼럼을 쓴 적이 있기 때문에 기억을 합니다. 컨베이어 벨트 속의 자본과 노동의 투쟁이죠.

하여간 이렇게 대량생산-대량소비-대량유통-대량폐기가 맞물려 돌아가니까 더 이상 쓰레기 처리도 이제 불가능할 정도가 되어 버렸어요. 모두 자연에 부담을 지우는 거죠. 요즘엔 생활 쓰레기 외에 산업 쓰레기나 의료 쓰레기가 산더미처럼 나오는데, 자본의 관점에서는 이것도 돈이다 싶어 시골이나 산골에다 대형 매립장이나 소각장을 건설한다고 전국 곳곳이 난리입니다. 심지어 이게 돈이 되니까 사모펀드 같은 자본들이 마구 들어온다 해요. 큰일입니다.

남태평양 바다 한가운데에 한반도의 1.5배가 되는 쓰레기 섬이 있다고 합니다. 인터넷에 '태평양 쓰레기 섬'이라 치면 금세 나옵니다. 큰 섬이 두 개나 나와요. 한국산 라면 봉지도 많다고 합니다. 끔찍하죠.

그다음에 가끔 뉴스에 나오는데 저 아시아나 아프리카에 한국산 쓰레기가 너무 많이 들어갑니다. '재활용'이라는 미명하에 쓰레기를 파는데, 근데 거기서도 또 한 번 좀 활용하고 남는 쓰레기는 막 그냥 하천에 버려 이게 쌓이면서 강도 오염되고 사람 살 데가 못 될 정도로 황폐화한다는 거지요. 우리가 '헌옷수거함'에 버린 옷들도 95%가 수출되어 가난한 나라의 강을 오염시키고 있다는 영상이 인터넷에도 많이 떠 있어요(예 : 「옷을 위한 지구는 없다」[https://www.youtube.com/watch?v=gw5PdqOiodU]).

우리가 이런 문제에 일말의 책임감을 느낀다면 결국은 덜 만들고 덜 쓰고 덜 버려야 하는 게 정답이죠. 그래서 저는

"조금 먹고 조금 싸자"란 구호를 인류가 모두 공유해야 한다고 생각합니다. 밥만 그런 게 아니라 모든 것에 대해 그렇게 하자는 이야깁니다.

그런데 자본은 '돈 놓고 돈 먹는' 시스템에서 상품을 더 많이 더 빨리 만들어 더 많이 더 빨리 팔아야만 이윤을 많이 벌 수 있죠. 그래서 인간적 필요에 얼마나 부합하느냐보다는 자본의 무한 축적에 도움이 되느냐 하는 기준으로 모든 걸 판단하게 됩니다. 그러다 보니, 사람의 필요나 생태계의 보존보다는 오로지 성장과 이윤에만 신경을 씁니다. 그래서 세상이 망가지는 겁니다.

이런 시스템은 이제 스스로 중단할 수 없는 거죠. 마치 자전거의 원리처럼 자전거가 쭉 계속 갈 때는 잘 가는데 어느 순간 멈춰 서면 옆으로 넘어지죠. 영화 중에 「스피드」가 있는데, 도무지 멈춰 설 수 없는 버스, 마치 자본이 이 멈출 수 없는 자전거나 버스를 닮았다는 겁니다.

이게 지금 우리가 사는 자본주의 세상, 그것도 세계화, 정보화, 금융화 단계를 거치고 이제는 사회경제 불평등과 지구온난화, 그리고 6차 대멸종에 이른 우리 사회의 큰 흐름을 보았습니다. 이게 자본주의의 역사요, 현실입니다.

인간중심주의와 자기 소외

지금까지 자본주의가 어떤 것이고 어떤 역사적 과정을 통해 지금의 모습으로 자리 잡게 되었는지 살펴보았습니다. 그런데, 이런 역사적 흐름의 기저엔 철학적 뒷받침이 있었습니다.

우선, 자본주의가 발전하는 데 큰 역할을 한 것으로, 자연보다 사람이 중요하다고 하는 '인간중심주의'가 있습니다. 이런 가치관 안에서 자연은 정복이나 개발의 대상으로만 보이게 되죠. 물론 사람이 살아가기 위해 자연을 어느 정도 점유하고 이용하는 것은 불가피하지만 조심스럽게 다가갈 필요가 있지요. 그런데 인간중심주의를 토대로 자본주의가 발달하면, 자연을 마음껏 정복하고 개발하려 할 뿐 아니라, 인간조차 착취하는 데 거리낌이 없게 되죠. 앞에서 자본과 노동력의 관계를 설명했지만, 사람을 사람 자체로 보는 게 아니라 '노동력'으로 보는 게 이런 것이죠. 교육이 아이들을 우수한 노동력으로 만드는 걸 목표로 삼는 것도 마찬가지입니다. 그래서 오래전에 교육부의 이름을 '교육인적자원부'라고 붙이기도 했죠. 이때 저는 하도 열을 받아 칼럼이나 책에 그런 이름에 대해 비판을 많이 했는데, 그 노력 덕분인지 모르겠지만, 지금은 '인적 자원'이라는 말은 공식적으로 빠졌죠. 하지만 실제 교육 현장에서는 인적 자원이라는 기본 철학을 버리지 않았습니다.

그럼 인적 자원을 키우지 않으면, 대안이 뭐냐고 물을 수 있을 텐데요. 전 '인격체'를 키워야 한다고 대답합니다. 달리 말씀드리면, 우리 자녀가 인생을 함께 살고 싶은 사람을 데리고 왔을 때 그 사람의 인품에 대해 특별히 신경 안 써도 될 정도로 학교에서부터 최소한의 인격체가 배출되어 나오면 좋겠다 생각합니다. 지금은 우수한 '인적 자원'을 키운다고 아이들 마음에 상처를 주거나, 시기·질투심을 조장하죠. 좀 잘한다는 아이들은 오만함이 가득 차도록 만들고, 공부를 못하면 평생 열등감에 시달리기도 합니다. 이렇게 아이들의 내면을 파괴하는 방식의 교육은 결코 교육이라 할 수 없죠.

이렇게 인간중심주의는 자연과 타인을 모두 자기 이익을 위해 맘대로 할 수 있다는 생각으로 변질되기 쉬워요. 이런 생각이 더 나아가면, 자신의 신체마저 내 '소유'란 생각까지 나아갑니다. 우리가 잘 아는 존 로크(John Locke)의 사상이 그렇죠.

실은 우리 모두, 대자연의 지극히 작은 일부에 불과해

요. 모든 생명의 토대인 자연에 대해 늘 감사하고 경외심을 가지고 사는 것이 사람의 마땅한 도리입니다. 그런데, 오늘날 우리는 자연과의 일체감을 상실하고, 나 자신마저도 몸과 정신을 분리해 생각할 정도로 자기 소외가 심한 상황이라 할 수 있습니다. 이런 상황에 대해 낸시 프레이저(Nancy Fraser)라는 학자가 『좌파의 길』(원제는 『카니발 캐피털리즘』 *Cannibal Capitalism*)이란 책에서 문제 제기를 하고 있는데요. 이 책에 우로보로스라고 하는 그리스 신화의 뱀 이야기가 나옵니다. 이 뱀은 자기 꼬리를 스스로 먹으면서 생존을 영위하는데, 결국은 자기 몸을 다 먹어 버리고 얼굴만 남은 괴물이 되죠. 파국을 맞은 자본주의 시스템을 비유한 상징입니다.

비유적으로는 암세포도 마찬가지죠. 생생한 몸이 있을 때 그 몸에 기생해서 암세포가 싱싱한 세포를 먹으면서 성장하는 거잖아요. 우리가 암세포를 도려낸다고 하지만 도려내는 과정에서 부작용으로 전이가 되기도 하고, 실은 원인 자체가 제거되지 않았기에 또 다른 암세포가 생기기도 하죠. 그렇게 암세포가 번식하다가 싱싱한 몸이 더 이상 없어질 때, 즉 생명이 끝날 때 비로소 암세포도 같이 죽어요. 마치 자기 꼬리를 먹는 뱀의 원리처럼 암세포도 숙주인 건강한 몸을 다 잡아먹어 더 이상 먹을 게 없어지면 이제 자기도 죽는 거죠.

우리가 이런 지혜를 터득한다면 지구라는 삶의 터전 속에서 최소한 지금처럼 살지 말아야 할 텐데요. 계속 이런 식으로 살 것인지 아니면 스스로를 잡아먹는 지금과 같은 모습과 헤어질 것인지 선택해야 하는 마지막 순간이 다가오지 않았나 싶습니다. '호모 사피엔스 사피엔스'가 말 그대로 지혜로운 인간이라면 지금의 삶의 방식과 '헤어질 결심'을 해야죠. 하루빨리요.

'내 주변'을 넘어서는 전지구적 생태주의

여기서 잠깐 '환경'이라는 개념 하나를 설명하고 넘어가겠습니다. 환경은 독일어로 움벨트(Umwelt)라고 하는데요. '움'(Um)이 '둘러싼'이라는 뜻이고 '벨트'(welt)는 영어로는 월드, 곧 세계라는 뜻이죠. 해석하면 '나를 둘러싼 세계', 이게 '환경'입니다. '나'는 빠지고 내 주변만 보는 게 환경입니다.

그래서 환경운동은 나를 둘러싼 주변 세계를 돌보는 것에 그치는 경우가 많은데요. 저는 이걸로는 안 된다는 생각입니다. 왜냐? 주변도 중요하지만, 그 주변을 오염시킨 나와 우리가 살아가는 삶의 과정을 봐야 한다는 겁니다. 그러지 않고 단지 더러운 쓰레기가 보이면 잘 모아 버리거나 수출을 해서 우리나라만 깨끗하게 …, 이런 식이라면 편협한 환경운동이라고 할 수 있겠죠.

하지만 지구 전체가 하나의 생명체라는 일체감으로, 나와 남이 따로 없이 살아가야 한다고 생각하는 것이 중요합니다. 사람과 주변이 따로 분리된 게 아니라는 것이죠. 이렇게 지구 전체가 하나의 집이라 말한 것이 제임스 러브록(James Lovelock)이라는 분의 '가이아 이론'이죠. 러브록은 강이나 바다는 핏줄과 같고 산맥은 몸의 뼈대와 같다는 식으로 지구 전체를 하나의 생명체처럼 설명합니다. 각종 기후변동이나 재난도 지구가 몸살이 나서 꿈틀거리는 과정에서 일어난 것이라 하죠. 그리고 이런 몸살의 원인이 바로 지구 위에 살고 있는 사람들이라는 겁니다.

그중에서도 특히 끊임없이 원료를 채취하고 생산하면서 에너지를 쓰고 폐기물을 버려서 오염시키는 돈벌이 위주의 경제(자본주의)가 그렇게 만들었다는 거죠. 이게 제가 강조하는 점입니다. 그래서 사람이 경제를 영위하더라도 그런 파괴적인 방향으로 가는 것이 아니라 균형과 조화를 유지하는 방향으로 가는 것이 인간적인 경제(생태주의)라 할 수 있죠. 하지만 지금처럼 자본에 모든 것을 맡겨 두어서는 완전한 파국이 올 수밖에 없음을 인정해야 해요.

사실 국가적으로도 '그린 뉴딜' 같은 식으로 환경의 중요성을 이야기하는 듯하나, 실은 모두 '그린 워싱'에 불과합니다. '그린'이란 말만 붙었지 여전히 '환경' 개념에 토대한 경제 발전 논리에 불과해요. 생태계 개념에 근거한 살림 경제가 아닌 죽음의 경제라는 점에서는 차이가 크지 않습니다.

우리가 이런 점을 깊이 성찰할 필요가 있지요. 국가나 기업 차원에서 여러 가지 좋은 이야기들이 많이 나오지만, 표리가 부동한 경우가 너무 많고, 사실상 포장만 다시 해서 여전히 자연과 인간을 대상화하고 파괴적인 방향으로 가는 경향이 있다는 것에 항상 주의를 기울이고 반성을 할 필요가 있다는 거고요.

이분법적 사고와 철학

앞에서 인간중심주의의 폐해에 대해 말씀을 드렸는데, 인간과 자연 또는 주체와 대상으로 분리하는 '이분법적 사고' 역시 지금의 자본주의 세계를 이루는 근본 뿌리입니다. 이 뿌리는 기원전 4세기 플라톤 시대까지 이어져 있습니다. 플라톤 철학은 기원전 4~5세기 무렵이죠. 보통 '축의 시대'라 하는데 공자, 맹자, 붓다, 소크라테스, 플라톤 등등, 인류의 축을 이루는 사상이 한꺼번에 출현한 시기라는 거죠.

이때 그리스에서 등장한 것이 플라톤의 철학이었습니다. 플라톤의 기본적인 아이디어는 초월적인 이데아(이상)의 세계가 있는데, 그것이 현실적으로 나타난 게 우리가 보는 세상이라는 거죠. 이렇게 현실과 이상을 분리해 보았고, 사회적으로도 시민과 노예를 분리해 보았죠. 노동은 노예가 하고 시민들은 이상을 추구하기에 철학도 하고 정치도 해야 한다는 것이 플라톤의 기본 입장이었습니다.

고대부터 노동은 노예가 하는 일이었죠. 노동을 독일어로 아르바이트(Arbeit)라 하는데, 이 말의 뿌리가, 고아가 살아남기 위해 수행해야 했던 온갖 종류의 '고역'이라는 거죠. 이런 고역을 옛날에는 노동(아르바이트)이라 본 겁니다. 그래서 노예만 노동한다고 본 거죠.

하지만 오늘날 자본주의는 노동 없이 살 수 없는 세상이 되었고, 노동이 신성시되기도 하죠. 노동이 신성시된 배경에는 16세기 종교개혁이 있죠. 루터(Martin Luther)나 칼뱅(Jean Calvin) 등 종교개혁가들은 노동은 더 이상 천한 것이 아니라 신의 구원을 받을 수 있는 합리적인 길이라 말했어요. 열심히 노동해 부를 축적하면 구원을 받는다는 것이 이들의 논리였죠. 부를 축적하면서 십일조만 열심히 내면 되는 겁니다. 그래서 노동이 신성시되었는데, 이 주제를 책으로 쓴 사람이 막스 베버(Max Weber)였죠. 『프로테스탄트 윤리와 자본주의 정신』이 바로 그 책입니다.

중세 시대는 교회가 지배하면서, 성과 속, 혼과 몸을 구분하는 봉건제 시대였다면, 자본주의 시대는 주객을 분리하고 인간과 자연을 분리하고 문명과 야만을 분리하는 시대죠. 서양 세력들이 아시아와 아프리카에 가서 현지인들을 '야만적인 원시 부족'이라 폄하하고 식민화하기도 했죠.

그런데 원시 부족을 연구하는 학자들에 따르면 오히려 원시 사회에선 지금과 같은 위계질서나 차별이 없었고, 모계제 중심으로 사회가 돌아가면서 상대적으로 평화로웠다 하죠. 이런 원시 사회가 노예제 내지 봉건제 사회가 되면서 전쟁이 무수히 많아지게 되었고, 자본주의 사회에 이르러서는 두 차례의 세계대전으로 수많은 사람들이 희생되고, 한 번에 수십만, 수백만의 목숨을 죽이는 핵무기까지 등장하기에 이르렀습니다.

이런 세상을 만든 철학적 배경이 오래전 플라톤의 이분

법 사상에서 시작됐다 할 수 있죠. 그 뒤에도 우리가 윤리나 철학 시간에 배운 훌륭한 철학자들이 실은 근대 자본주의의 이론적 근거를 많이 제시했어요. 특히 베이컨(Francis Bacon, 1561~1626)을 보고 저는 깜짝 놀랐어요. 베이컨은 어머니 대자연을 '공공의 창녀'라 부르기도 했어요. 자연은 너무나 혼란스럽고 거칠기 때문에 인간이 쓰기 좋게 속박하고 고문해야 한다는 것이 베이컨의 입장이었죠. 이런 내용은 학교에선 안 가르쳤죠. 이런 철학적 주장들이 사람들이 항로를 개척하거나 노예노동으로 광산을 개발할 때 딱 좋았어요. 자연을 필요한 만큼 고문해야 한다 했으니까요. 실제로 영국 대법관이었던 베이컨은 농민 반란이 일어나자 농민들을 직접 고문하기도 했다죠.

다음으로 우리가 잘 알고 있는 데카르트(René Descartes, 1596~1650)를 한번 볼까요? 데카르트의 가장 잘 알려진 명제가 "나는 생각한다, 고로 존재한다"죠. 이 말만 들으면 그럴듯하게 느껴지는데, 이 말도 곱씹어 보면 육체와 정신을 분리하는 이분법적 사고입니다. 생각하는 정신이 있는 한 내 몸은 정말 하찮은 거라는 의미가 들어 있어요. 몸과 정신이 함께 있어야 온전한 인격체인데 이렇게 둘로 나누고, 정신은 신과 연결되어 있어서 숭고하지만 육체는 비천하다는 생각이죠. 그러나 우리가 육체를 무시할 수 있나요? 손끝에 가시 하나만 박혀도 정신이 사납죠.

데카르트는 시계를 엄청 좋아했다고 하죠. 인간과 동물의 몸도 시계와 마찬가지로 '자동화된 기계'에 불과하다고 생각했다 해요. 그래서 동물 해부도 좋아했는데 동물들의 고통스런 몸부림을 '기계적인 반응일 뿐'이라 여겼답니다. 심지어 아내의 개를 해부한 뒤, 생명에 대해 초연해야 한다고 말했대요. 이건 정말 생명 감수성이 '1'도 없는 것이죠.

바로 이런 철학이 포르투갈, 스페인, 네덜란드, 영국, 프랑스, 독일 같은 나라들이 아프리카나 아시아, 남미를 식민화하고 약탈하는 데 기본이 된 겁니다. 인간과 자연을 분리하고, 백인 아닌 사람들을 짐승 취급 한 것이죠. 아시아에서는 일본이 이런 서구의 태도를 본받아 조선과 중국, 동남아에 가서 백인 흉내를 낸 거죠. '대동아공영권'을 내세웠지만, 타인을 이해하고 존중하기보다는 지배하고 약탈하려는 철학이 바탕에 깔려 있었다고 봅니다.

존 로크(John Locke, 1632~1704)는 앞서 말씀드린 대로 자기 몸의 소유권을 자신이 갖는다는 말을 했는데, 실은 우리도 비슷한 말을 해요. 아이들에게 자기 인생의 주인공은 너 자신이니, 남들이 원하는 삶이 아니라 자신이 원하는 삶을 살라고 저도 많이 강조해요. 그런데 존 로크는 이것과는 좀 달라요. 몸에 대한 소유권 개념은 실은 자본주의에서 '노동력 상품화'와 연결되거든요. 자기 몸의 소유권을 자신이 가지니, 이제 그 노동력을 사고팔 수 있게 된 겁니다. 이것의 이론적 기초를 존 로크가 제공했죠.

독일의 저명한 철학자 칸트(Immanuel Kant, 1724~1804)에 대해서도 생각해 볼 문제가 있죠. 사실 칸트는 인간을 목적으로 대하라, 수단으로 대하지 말라 했죠. 이런 주장은 정말 맞는 말입니다. 신으로부터 독립을 했다는 점에서도 의미가 있죠. 문제는 칸트가 인간은 '비인간 존재'에 대해선 아무 의무가 없다고 보았다는 겁니다. 그러니까 자연은 인간이 마음대로 써먹을 수 있는 수단이란 관점이 칸트 철학에 스며 있죠. 역시 자연을 대상화하는 철학이죠. 이런 점에서 칸트도 새롭게 볼 면모가 있습니다.

가톨릭의 부패와 면죄부 판매 등으로 인해, 종교개혁과 신교 운동이 일어났는데, 이때 신교 운동에 앞장섰던 마르틴 루터나 장 칼뱅 같은 사람은 '소명으로서의 일'을 이야기합니다. '소명'은 신의 부름을 받음이란 뜻으로 독일어로 베루프(Beruf)인데요. '루펜'(rufen)은 '부르다'라는 뜻이고, 베(be)는 '~을 당하다'라는 뜻이죠. 그래서 '베루펜'(Berufen)은

'부름을 당하다'라는 말이죠. '베루프'(Beruf)는 그 명사형으로, '소명', '직업'이 됩니다. 우리가 교직에 대해 소명의식을 말하고, 신성한 교직이라고 부르는 데엔 이런 배경이 있죠.

그런데 마르틴 루터는 라틴어로 된 성경을 독일어로 번역했다는 역사적 업적이 있지만, 당시 농민(해방)운동에는 오히려 반대했기에 시대적 한계를 보였다고 평가할 수 있습니다. 하지만 '소명'으로서의 직업 개념을 내세움으로써 칼뱅과 함께 노동에 신성함을 부여한 인물이죠. 그런 면에서 자본주의 발달에 이론적 기초가 되었다고 할 수 있습니다.

정리하자면, 오늘날 우리가 경험하는 사태의 밑바닥에는 정신과 육체, 생산수단과 노동력, 외면과 내면, 문명과 야만, 주체와 객체와 같은 철학적 분리가 있었고, 거기에 기초해서 온갖 제도와 사회적 관행, 정치경제적 선택이나 행위 같은 것들이 다 나온다고 할 수 있습니다. 당연히 우리가 경험하는 온갖 스트레스와 불안, 불만족 역시 이런 철학적 배경과 연관됩니다. 결국 대안은 분리된 것들을 다시 통합해, 균형과 조화를 이뤄 나가는 방향이 돼야겠죠.

노예화와 식민화

이런 철학적인 기반은 실제로 타자에 대한 노예화와 식민화로 나타나죠. 꽤 오래전에 나온 영화 중에「아미스타드」가 있는데, 이 영화에 아프리카에서 흑인들을 싣고 미국으로 향하는 배가 나오죠. 사람을 짐짝처럼 쌓아서 싣고 가는데, 아픈 사람이 생기면 그냥 바다에 던져 버립니다. 영화「노예 12년」에도 인간을 사람으로 여기지 않는 장면들이 나오죠. 이런 시대가 그렇게 오래전도 아닙니다. 불과 200년 전까지도 있었던 일이죠.

이토 히로부미가 1906년에 조선총독으로 오면서 자신이 "조선을 문명화하기 위해" 왔다 했는데, 이 역시 야만과 문명의 이분법을 내재하고 있죠. 이런 이분법을 일본이 재빨리 받아들여 동아시아를 식민화하는 경쟁에 나선 거고요.

사실 이런 식민화 개념은 현대에도 적용할 수 있는데요. 가령 냉전 이후 독일의 통일 과정을 보면, 분단되었던 두 국가가 하나로 된 것이라기보다, 서독이 동독을 '내부 식민화' 했다고 보기도 합니다. 우리나라에서도 남한 자본주의가 북한 비자본주의를 식민화하려고 노력을 많이 해왔죠. 그래야 새 시장이 창출되고 더 많은 상품을 팔 수 있고 아파트도 더 많이 분양할 수 있고, … 이런 식으로 돈벌이 개념으로 바라 보는 거예요.

식민화 개념은 또 다른 방식으로도 확장됩니다. 독일 프 랑크푸르트 학파의 위르겐 하버마스(Jürgen Habermas)는 자 본주의 '시스템이 우리의 생활 세계를 식민화한다'고 합니 다. 식민화된다는 것은 예속되고 규격화된 틀에 매인다는 걸 의미하죠. 우리의 일상적인 인간관계들, 다시 말해 가족 간의 관계, 부모자식 관계, 배우자 관계, 친구와의 관계 들이 상품이나 화폐, 권력에 의해서 식민화되기도 합니다.

그런데 앞서도 말했지만 인간관계라고 하는 것은 그런 틀에 매이지 않을 때 인간미가 있는 거잖아요. 선물을 주면 서 동등한 대가를 바라거나 더 많은 걸 바라면 그건 선물이 아닌 뇌물이죠. 진정한 선물은 상대방이 받아주기만 해도 고마워지는 그런 관계에서만 가능하죠. 그래서 저는 '관계 론'의 시각이 중요하다는 점을 다시 한 번 강조합니다.

전지구적 위기와 생태주의

이렇게 모든 것이 분리된 결과 온갖 위기가 다 닥쳤습니다.

가치관의 위기, 경제적 위기, 사회적 위기가 왔죠. 공동체는 깨지고 불평등은 심화했습니다. 여기에 기후위기와 각종 오염의 문제, 방사능 문제에 이르기까지, 인류의 존립 자체를 위협하는 위기들도 현실화되고 있죠. 이런 문제들에 대해 대안을 모색하는 것이 바로 '생태주의'입니다. 앞서 말씀드린 대로 기존의 환경주의가 이원론에 기대고 있어서 여전히 인간 주체와 자연 객체를 분리하고 있다면, 생태주의는 주객 일체감에 토대하죠. 세상을 우리가 더불어 사는 하나의 커다란 집으로 보는 겁니다.

재미있게도 환경주의의 출발점은 이원론인데, 이 이원론이 세상을 끌고 가는 방향은 오로지 돈이라는 유일의 가치입니다. 돈이라는 가치로 획일화시키는 거죠. 반면, 생태주의는 하나의 세계라는 일원론에서 출발해, 생태적인 다양성이 살아 있는 하나의 세계를 지향하죠. 다양한 개성이 살아 있고, 다양한 언어가 살아 있고, 다양한 지방 문화들이 살아 있는 것이 생태주의 개념에도 맞아요. 이런 다양성 속에서, 낙엽이 떨어져 거름이 되어 다시 생명을 살리듯, 아니면 피가 아래위로 돌면서 우리 몸을 살리는 것처럼, 서로가 서로를 호혜적으로 살리는 관계를 지향하는 것이 생태주의 철학입니다. 인간 사회에서의 계급이나 차별을 지양하는 것은 물론, 만물에 영혼이 깃들어 있다고 하는 애니미즘적인 관점을 갖는 것도 필요해요. 물질 속에도 영혼이 있고, 영혼 역시 물질의 작용이라는 관점이 중요하죠.

이런 것이 생태주의 철학인데요, 이런 것을 자본의 눈으로 보면 전혀 말이 안 되죠. 생명은 연결과 흐름이지만, 자본은 획일화하고 단절하죠. 산도 가운데를 툭 끊어 도로를 내죠. 야생동물을 위해 다리를 놓고 '생태통로'라 이름 붙이지만, 가차 없이 잘라 버리는 단절성을 정당화하는 위선이죠. 위하는 것처럼 보이지만 실은 더 많은 걸 뽑아가기 위한 조치일 뿐입니다. 이렇게 자본은 기본적으로 순환이 아니라 외부성, 무책임성의 원리로 돌아갑니다. 우리가 쓰는 온갖 플라스틱 물건이 자연에겐 쓰레기가 되어 버리잖아요. 이런 걸 외부성이라 합니다.

자본주의는 이렇게 '책임 전가'에 뛰어납니다. 하청화를 통해 비용과 책임을 전가하고, 위험을 전가하죠. 이게 사회적인 무책임성이라면, 쓰레기를 해외로 수출한다든가, 공해산업을 해외로 보내는 등 공간적인 무책임성도 있죠. 또 시간적인 책임 전가도 있습니다. 지금 당장 괜찮다고 에너지를 뽑아 쓰고, 쓰레기를 땅에 파묻죠. 이렇게 쓰고 폐기한 책임을 미래 세대로 미루는 거죠. 국가 부채도 시간적인 책임 전가가 됩니다. 지금 우리나라 총 부채가 6천조 원이 넘는다 하죠. 5,200만 국민으로 나누면요, 갓난아기마저 1억 원 이상의 빚을 가지고 있어요. 이것도 미래 세대에게 빚을 물려주는 거잖아요.

그런데 이렇게 빚을 져 가면서 쓰는 돈이 꼭 필요한 곳에 쓰는 돈도 아니죠. 온갖 선심성 예산이 있고, 각종 개발 사업이나 온갖 특활비에 쓰이고 있잖아요. 국회의원이고 검찰이고 관직을 가진 사람들이 세금을 흥청망청 쓰고 있습니다. 이게 다 미래 세대에 대한 책임 전가가 아닐까요. 정말 철두철미한 무책임의 경제인 겁니다.

이 모든 생태주의 철학이나 실천을 보여 주는 책들이 많습니다. 이 책 4장에서 여러 학자와 책들을 다룰 예정이지만, 여기서도 간단히 몇몇 저자와 책 이름만이라도 소개하겠습니다.

아무래도 얼마 전 돌아가신 김종철 선생의 『근대문명에서 생태문명으로』나 『비판적 상상력을 위하여』를 먼저 소개하고 싶습니다. 무위당 장일순 선생의 『나락 한 알 속의 우주』도 좋고요. 권정생 선생의 『빌뱅이 언덕』도 참 좋아요. 윤구병 선생의 『잡초는 없다』도 감동이죠.

그리고 일본의 근대화를 '반생명적인 폭력'이라며 맞섰

던 다나카 쇼조(田中正造, 1841~1913) 선생을 자세히 볼 수 있는 책이 두 권 있는데요,『참된 문명은 사람을 죽이지 아니하고』와『조약돌 할아버지』같은 책이 있습니다. 또 '부드러운 혁명'을 주창한 야마오 산세이(山尾三省, 1938~2001)의『어제를 향해 걷다』도 좋고요.

그다음에 헬렌과 스콧 니어링(Helen & Scott Nearing) 부부의『조화로운 삶』, 헬렌 니어링의『아름다운 삶, 사랑, 그리고 마무리』도 추천하고 싶고요. 말로 모건(Marlo Morgan)의『무탄트 메시지』도 흥미롭죠. 캐럴린 머천트(Carolyn Merchant)의『래디컬 에콜로지』나 머리 북친(Murray Bookchin)의『사회생태론의 철학』, 앙드레 고르(André Gorz)의『에콜로지카』, 헬레나 노르베리-호지(Helena Norberg-Hodge)의『오래된 미래』도 꼭 읽으면 좋겠습니다. 독일 사회학자 마리아 미스(Maria Mies)의『자급의 삶은 가능한가』도 있는데, 부제목이 '힐러리에게 암소를'입니다. 흥미롭죠.

최근에 저는 로빈 월 키머러(Robin Wall Kimmerer)의『향모를 땋으며』나 애나 칭(Anna Tsing)의『세계 끝의 버섯』, 그리고 우리나라 생태여성학자들이 함께 쓴『우리는 지구를 떠나지 않는다』같은 책을 읽었는데, 새롭게 많이 배웠습니다. 박정미 작가의『0원으로 사는 삶』도 많은 영감을 줍니다.

예전엔 격월간지였다가 이젠 계간지가 된『녹색평론』은 단연코 가장 좋은 생태 교양집입니다. 제가 사는 하동에도 '녹색평론 독자모임'이 있습니다만, 책 뒤에 보면 전국 곳곳에서 이 책을 읽고 토론을 하고 있어요. 혼자 읽는 것보다 여럿이 함께 읽고 얘기 나누면 훨씬 재미도 있고 배우고 느끼는 것도 많습니다. 여러분들도 함께하면 좋겠습니다.

책 말고 유튜브 영상 중에도 흥미로운 게 많아요. 이거 혹시 잠 안 오실 때 침대에 누워 가지고 한 번 보시면 재미있어요. EBS 방송에 나왔죠, 마이클 무어(Michael Moore) 감독의 다큐 영화 「자본주의: 러브 스토리」입니다. 2008년 미국 금융위기로 빚내서 집 산 것이 파탄 나는 과정이 나오죠. 굉장히 흥미진진하면서도 자본주의의 문제를 예리하게 잘 짚어 주고 있어요.

우리가 사는 이 자본주의를 보다 체계적으로 공부하려면 마르크스의『자본』이나 해설서를 보면 좋습니다. 저는 고병권 선생님이 쓴『고병권의『자본』강의』라는 책을 남해, 하동, 서울 길담에서 10명 내외가 같이 공부하는데, 끈기를 갖고 한 1년만 열심히 하면 독파합니다. 이 책을 읽으시면 제가 오늘 강의해 드리는 내용의 80% 정도는 정리가 잘 될 거라 봅니다.

비교적 최근에 나온 낸시 프레이저 교수의『카니발 캐피털리즘』은 번역되면서『좌파의 길: 식인 자본주의에 반대한다』로 바뀌었죠. 제이슨 히켈의『적을수록 풍요롭다』도 흥미롭고요. 그다음에 존 홀러웨이(John Holloway)의『크랙 캐피털리즘』도 좋습니다. 그리고 사이토 고헤이(斎藤幸平)는 일본의 젊은 학자로『지속 불가능 자본주의』를 써서 히트를 쳤죠. 일본에서 70만 부가 팔렸대요. 7만 부도 힘든데 70만 부를요. 그것도 그 보수적인 일본에서 말이죠. 실은 미래에 대한 절망감을 가진 젊은 친구들이 오히려 마르크스의『자본』을 많이 읽는다고 하는데, 사이토 고헤이 역시 그『자본』에 기대면서도 최근의 기후위기까지 다루고 있으니 관심이 많이 가겠죠.

실은 제가 독일의 지도교수였던 홀거 하이데(Holger Heide) 교수와 함께 쓴 책도 두 권 있습니다.『중독의 시대』와『자본을 넘어, 노동을 넘어』가 그것입니다. 이론적으로 자본주의의 중독적 현실을 파헤친 것입니다. 부끄럽지만 제가 심혈을 기울여 쓴 책들도 있는데, 여기선 생략하겠습니다. 영역은 자본주의와 인간 노동, 그리고 교육 현실이나 경영·경제의 현실을 비판적으로 따져 보는 책들입니다. 아 참, 청소년들을 위해 최근엔『기후위기 시대, 슬기로운 경제수업』이란 책을 썼습니다. 참고가 되면 좋겠습니다.

원시시대와 통합의 사고

위에서 언급한 학자들 외에도 많은 학자들이 원시시대를 연구했는데 원시시대가 결코 야만적인 시대가 아니었다고 해요. 지금 우리의 눈으로 보면 원시적이지만 오히려 풍요롭게 살았다 합니다. 지금보다 통합적인 생각으로 자연을 경외하고 함부로 대하지 않았다는 거예요. 우리만 해도 나이가 있으신 분들은 어릴 적에 어머니가 장독대에 물 한 그릇 올려놓고 손이 닳도록 비는 걸 봤죠. 제 어머니도 그러셔서, 어렸을 적엔 왜 저리 원시적인 일을 하나 했는데 나이가 들어 보니까 그게 '미신'으로 치부할 게 아니란 걸 알게 됐죠. '늘 저렇게 조심스럽게 사셨구나'라고 느끼게 됩니다. 그리고 점점 공부를 하며 깨칠수록 아무리 과학기술과 지식이 발달하더라도 인간에게 한계가 있다는 것을 느낍니다. 그래서 대자연 앞에서 늘 겸손한 마음, 경외하는 마음을 갖는 것이 중요한데, 우리 어른들은 그런 마음이 분명히 있었어요. 그런데 우리 시대엔 그런 마음이 옅어지고 또 한 세대 더 내려가면 그런 마음이 거의 없죠. 그런 걸 생각지도 못해요.

수렵채집도 마찬가지죠. 농경을 할 수 없어서 수렵채집으로 살았다는 것이 일반적인 지식인데, 사실 당시 사람들은 농사짓는 것을 싫어했다는 거예요. '왜 힘들게 농사짓냐?'는 거죠. 자연에 있는 것을 조금씩 따 먹고 살아도 되는데 힘든 농사를 지을 필요가 없다는 겁니다. 이런 얘길 하면 지금 기준으로는 '딱 굶어 죽기 좋은 이야기'라 하겠지만, 그 정도로 대자연에 늘 감사하면서 자연의 품 안에서 살려고 했던 인류의 역사가 있었다는 거죠.

이때까지는 앞에서 말씀드렸던 가이아 이론처럼 인간들이 자연에 깃들어 있었다는 얘깁니다. 앞에서 플라톤이 이분법적 사유의 근원이라 했지만, 사실 그때까지만 해도 신과 인간, 인간과 자연이 지금처럼 철저히 분리되진 않았습니다. 소크라테스나 아리스토텔레스는 자연 자체에 영혼이 있다고도 생각했죠. 그러니까 아직은 통합적이었던 셈이죠.

자연과 사람의 철저한 분리는 과학과 기술이 발달하면서 완성되죠. 자본이 상품을 팔 때, 공동체와 개인을 분리하고 각 개인들에게 하나씩 파는 것이 유리합니다. 공중전화 대신에 집마다 전화를 놓은 것이, 또 지금처럼 각 개인에게 하나씩 파는 것이 돈이 되죠. 차도 마찬가지입니다. 대중교통보다 자가용이 많아야 돈벌이가 되거든요. 자본이란 이런 겁니다.

하지만 인간은 다시 통합으로 돌아가야 합니다. '시애틀 추장의 편지'가 유명하죠. 『녹색평론』에서 많이 소개되기도 했고, 대중적으로도 많이 알려진 건데, 이 편지엔 "우리는 땅의 한 부분이고, 땅은 우리의 한 부분"이란 구절이 나옵니다. 인간은 땅과 분리될 수 없다는 말이죠. 인간을 뜻하는 '휴먼'이라는 말 자체가 부엽토를 뜻하는 '후무스'(humus)에서 왔다 하죠. 꼭 『성경』「창세기」가 아니더라도 흙에서 인간이 온 것은 틀림없죠. 우리는 흙에서 나는 것을 먹고 삽니다. 그런 정신이 곧 '애니미즘'(animism)입니다. 만물에 영혼이 있다는 관점이죠.

죽임의 경제를 넘어 생태민주주의로

지금까지 이번 강의에서 말씀드린 걸 한 줄로 요약하면, '자본주의는 죽임의 경제'라는 겁니다. 자본주의는 오로지 돈을 벌기 위해, 자연을 죽이고 사람의 살아 있는 영혼을 죽이는 체제죠. 하지만 우리가 열심히 돈만 좇다가도 '돈벌이에 무슨 의미가 있지?'라며 질문하기 시작하면 그때부터 공허감이 우리를 휩싸게 됩니다. 부잣집 아이들이나 재벌가 자식들이 마약에 도취되는 것도 삶의 공허함을 느끼기 때문이 아닐까요? 더 이상 내가 애써 노력할 것도 없고 널린 게 돈이라면 인생은 아무 재미 없겠죠. 그러다가 마약 같은 것에 빠지는 거고요.

생명의 관점에선 이런 이들도 다 귀한 생명이고 잘 살아야 해요. 그러기 위해서는 모든 것을 상품과 돈으로 보는 자본의 논리를 넘어 사람과 사람, 사람과 자연과 공동체가 함께 사는, 생동하는 살림의 경제를 만들어야죠. 어울려 살며 감정과 의견, 웃음과 울음, 수다와 삶의 이야기가 흘러넘쳐야 '제대로 산다', '서로 살린다'라는 의미의 참된 경제가 될 수 있어요.

이런 길을 저는 '생태민주주의'라 합니다. 파괴가 아니라 생명, 자본이 아니라 민본, 그래서 생태민주주의죠. 지금까지 다른 세상을 만들겠다고 실험했던 것으로, 소련이나 동유럽 또는 중국이나 쿠바 같은 사회주의나 공산주의 시스템이 있었죠. 하지만 이 실험들은 파괴적인 자본주의 시스템을 내적으로든 외적으로든 극복을 못했습니다. 미국이나 서방이 잡아먹으려 하는 외적인 상황과 압력을 극복하기 쉽지 않다는 걸 고려하더라도, 이 실험들이 실패로 돌아간 건 분명해 보여요. 지금 중국이 자본주의 못지않은 상품-화폐 관계 속에 돌아가는 모습이라든지 그 관료들이 하와이, 캐나다, 미국 같은 데서 고급아파트 사들이는 걸 보면 인민을 위한 시스템이란 건 허울이죠. 그래서 기존 사회주의나 공산주의 체제는 대안이 될 수가 없기에, 결국 생태민주주의 방향으로 가야지만 제대로 대안이 나온다고 믿습니다.

생태민주주의적 마인드는 예컨대 이런 겁니다. 로빈 키머러의 『향모를 땋으며』에 나오는 건데요, 고사리를 캐러 가서 제일 처음에 발견한 고사리는 꺾지 않는다는 거죠. 왜냐면 그것이 지구의 마지막 고사리일지 모르니까요. 두번째나 세번째 것부터 채집하란 거예요. 그리고 눈에 보이는 것만 캐지, 숨은 것까지 다 찾아 캐려고 하지 말라는 겁니다. 이런 마음으로 나를 떠받치는 존재들을 존중하라는 거죠. 이걸 키머러 교수는 '받드는 거둠'(Honorable Harvest)이라 합니다. 이런 방식의 경제가 앞서 말씀드린 '책임성의 경제'입니다.

그런데 우리는 자본주의 안에서 태어났고, 또 자본주의적 교육을 받고 자랐기 때문에 자본주의가 아니면 못 살 것 같기도 해요. 또 자본주의 아닌 걸 상상하는 게 불온하게 보일 수도 있어요. 자본주의 체제에서 지배적 위치에 있거나 혜택을 많이 받은 사람들은 제 이야기들을 불온시하겠죠.

하지만 하나뿐인 인생을 행복하게 살기 위한 '다른 삶'의 방식은 얼마든 가능하다고 봅니다. 게다가 현실은 파국으로 치닫죠. 기후위기와 6차 대멸종, 전쟁 위험은 곧 파국입니다. 그런데 전쟁 영화를 보면 전투기에 불이 나 추락할 때 조종사는 탈출하죠. 지금 자본주의도 추락 중인 비행기일 뿐입니다. 다 죽을 것 같으면 탈출을 해야죠. 비행기가 아깝다고 탈출하지 않으면, 바보죠.

2차 세계대전에서 일본의 가미카제 특공대처럼 '조국과 민족을 위해' 과감히 죽겠다고 할 수도 있습니다. 그러나 그렇게 상상한 조국과 민족은 헛것이죠. 진짜 조국은 내 주변의 땅과 강, 사람들입니다. 그런 조국을 오염시키지 않고 노동력을 착취하지 않는 것이 정말 조국과 이웃, 민족을 사랑하는 것이라고 할 수 있습니다. 조국과 민족을 위해 만날 '국기에 대한 맹세'만 하면서 실은 이웃과 후손이 함께 살 땅과 물을 마구 파괴하고 오염시키면 표리가 부동하죠.

그래서 하루라도 빨리 다른 시스템으로 바꾸는 것이 우리의 책임이고 역할이란 생각을 합니다. 물론 우리 세대는 죽을 때까지 자본주의 안에서 살다가 갈 가능성이 크죠. 하지만 노예제가 지금은 사라지고 없듯이, 모든 것에는 춘하추동이 있고 생로병사가 있습니다. 그렇다면 우리가 살아있는 동안에라도 봄을 꿈꾸어야 하겠죠. 지금 병이 들었다고 해도 쌩쌩하게 살아갈 수 있는 다른 시스템을 계속 상상하고 실천해야 합니다.

그리고 그런 모습은 어디 멀리 있는 게 아니어요. 전통적으로 우리 어른들이 농어촌 공동체에서 살아오던 모습이 대안적인 삶이죠. 우리의 '오래된 미래'인 셈이죠. 예컨대, 두레와 품앗이처럼 이웃 간 공동체 의식이 살아 있는 마을 공동체가 그것입니다. 다만 예전의 공동체가 개성이나 프라이버시를 압살하는 면이 있었다면, 앞으로는 개성과 프라이버시를 존중하면서도 공동체 관계와 생태계와 조화를 모두 살리는 집단지성 또는 집단지혜가 필요해요.

그래서 우리 아이들이 자기 개성껏 공부해서 골고루 잘 대접받는 사회를 만들어야 합니다. 저는 죽을 때까지 그런 사회를 얼마든 꿈꾸어야 한다고 말하고 다닐 텐데, 저와 같은 이야기를 여러분들도 같이 나누어 주시면 언젠가는 사회 분위기나 여론이 바뀔 겁니다. 그렇게 여론이 바뀌면 언론이 주목할 것이고 언론이 주목하면 세상 바꾸는 건 시간문제일 것입니다.

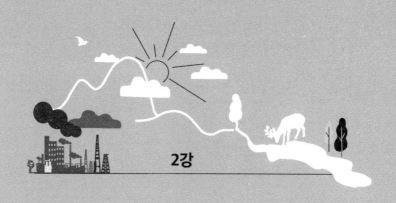

2강

자본주의 산업화와 파괴성

이번 시간에는 한국의 산업화 과정에서 어떤 식으로 자본주의의 파괴성이 드러났는가를 살펴보려 합니다. 자본주의 생산성은 다른 각도로 보면, 파괴성이더라고요. 즉, 인간적 관점이나 생명의 관점에서는 끊임없는 파괴의 과정입니다.

대학에서 가르치는 경영학이나 경제학은 생산성과 효율성을 핵심으로 하는데, 그걸 당연시하는 게 아니라 성찰적으로 본 순간, 생산성이 곧 파괴성임을 깨달았습니다. 그리고 그 깨달음을 진지하게 수용하니, 내가 직장에서 벌어먹고 사는 토대를 반성하지 않을 수 없고요.

하지만 그런 생각을 못하고 생산성 내지 효율성만 중시하는 방향으로 치달으려 하면, 개인이나 기업 모두 맹목적인 자본주의 돈벌이에 목을 매게 되죠. 이것이 우리가 오늘날 직면한 자원 고갈, 기후위기, 공기나 흙, 물의 오염 등 온갖 문제들과 맞닿아 있어요.

그래서 태양광 등 대안 에너지도 중요하고 절약하는 것도 기본으로 해야 하지만, 보다 근본적으로 자본주의 원리를 제대로 공부하지 않으면 문제는 늘 다시 원점 회귀하게 됩니다. 이게 제가 가진 기본 입장입니다.

그래서 지난 시간에 자본주의 전반에 대한 말씀을 드렸죠. 한 번 더 정리하면, 몇 문장으로 압축됩니다. 즉, 자본주의는 돈 놓고 돈 먹는 시스템이다. 자본은 무한한 이윤 증식을 위해 인간 노동력을 고용한다. 그래서 자본과 노동이 협동해서 상품을 만들어 팔아 돈을 버는데, 그 과정에서 불가피하게 자원은 고갈되고 기후위기 같은 부작용도 나온다. 시장도 포화된다. 노동자도 골고루 잘 살기보다 빈익빈 부익부가 심화한다. 자본 역시 무한 축적을 원하지만 갈수록 효율이 높아지는 만큼 가치 획득량도 줄어든다. 이런 내적, 외적 모순이 심화하면서 생태위기나 전쟁위기 등 파국이 다가온다. 그래서 아직 모든 게 끝나기 전에 우리는 '헤어질 결심'을 하고 개인적·사회적 실천을 해야 한다. 자본주의 이분법을 지양하고 이제는 사람과 사람, 사람과 자연을 하나로 보는 통합적 철학이 출발점이다, 함께 모여 좋은 책들을 읽으며 같이 대안을 찾아보자, 뭐 이런 정도였습니다.

체제의 치명적인 모순

그런데 이렇게 상품을 소비해서 노동력을 생산하고, 노동력을 소비해서 새로운 상품을 만들어 내면서 계속 이윤을 창출하는 과정이 무한히 지속될 수 있을까요? 생산수단 중에 원료와 에너지가 있죠. 이런 생산수단들은 자원이 고갈되거나 오염이 심화되면 공급이 어려워질 수 있겠죠. 화석연료를 사용해서 기후위기가 오고 기후위기로 인해 농작물 생산도 어려워지는 등 자본주의 발전이 더 이상 평화롭게 지속될 수 없는 한계들이 이미 자본주의 안에 내장되어 있다는 겁니다. 또 이 구조 속에서 노동시간을 연장하거나 노동강도를 높이는 방식으로 생산을 하다 보면 산재 발생이나 노동 저항이 일어날 수밖에 없는 모순적 과정도 깃들어 있죠.

그리고 체제가 지속될 수 없는 더 결정적 모순이 있습니다. 상품가치는 '상품 생산에 필요한 사회 평균 노동량'인데요. 이걸 가치법칙이라 해요. 즉, 상품가치는 투입된 인간 노동량에 따라 달라지죠. 그런데 개별 기업으로 보면 다른 회사보다 생산성이 떨어지면 망하죠. 다른 회사는 단가를 더 싸게 해서 상품을 만드는데 내 회사만 옛날처럼 생산하면 단가가 상대적으로 비싸지죠. 경쟁력이 없어집니다. 경쟁력은 생존력이죠. 그런데 더 효율적으로 생산해 더 싸게 공급한다는 건, 단위 상품당 인간 노동량이 줄어 자본이 얻는 가치가 축소된다는 말이죠.

가령 생산성이 10배 향상되어 1시간에 1개 만들던 걸 10개 만든다면, 상품당 인간 노동량은 10분의 1밖에 안 되죠. 그런데 이렇게 물건을 만들어 동일한 이윤을 벌려면 전보다 10배나 많이 팔아야죠. 그런데 수요가 그만큼 계속 늘까요? 자본은 노동력이 만든 잉여가치를 먹고 사는데, 생산과 수요의 격차로 기업마다 얻는 잉여가치량이 줄어드는 모순이 생기죠. 즉, 효율이 오를수록 역설적으로 잉여가치량이 줄어든다는 가치법칙상의 모순이 생깁니다.

그러니까 인간적 필요 충족을 위해 생산하고, 남아돌면 다른 사람들과 나누면 좋겠지만, 잉여가치를 늘려야 돈벌이가 계속되는 자본의 원리는 자가당착적인 핵폭탄을 내장하고 있는 셈이지요. 앞서 말씀드린 자원의 고갈, 혹은 노동자 저항 이상으로 이 가치법칙의 모순은 치명적이죠. 그런 모순에 봉착할수록 더욱더 인간 노동력이나 자연 생명력을 더 많이 빨아내려 하는 살벌하고도 파괴적인 경쟁이 심해지는데, 바로 이 지점에서 자본주의와 생태주의가 정면으로 충돌하게 됩니다.

그런데 우리 인간은 노동력이나 구매력으로만 존재하는 게 아니죠. 노동력을 팔아 월급을 받는 것도 내가 '행복'하게 살기 위한 과정이나 수단일 뿐이죠. '행복한 삶'이 중요하다는 건 이미 기원전 4세기에 아리스토텔레스가 한 말입니다. 지금으로부터 2400년 전에 인간 삶의 목적은 '행복'이라 했죠. 그래서 서양학자들은 '굿 라이프'(good life), 즉 '좋은 삶'이란 용어를 학술적으로도 씁니다. 우리가 보기엔 저널리즘적인 용어 같은데 아카데미즘적인 용어로도 쓴다는 거죠. 그만큼 '좋은 삶'이 중요하다는 거고요.

그래서 우리가 노동력으로서 살아가는 부분도 있지만 인격체로서 문화도 즐기고 친구들과 만나 수다도 떨고 여행도 하고 좋은 책을 읽고 토론도 하고…. 이런 풍부하고 다양한 과정들이 복합적으로 존재해야 '좋은 삶'이 되겠죠. 그런데, 자본주의는 삭막하게도 아침부터 밤에 잠들 때까지 심지어 꿈속에서조차 돈만 생각하게 만드는 체제입니다. 그런 것이기 때문에 우리가 이 자본주의 게임 안에서는 성공해도 공허해지기 쉽고 또 실패하면 낭패가 되는, 처음부터 아예 잘못된 게임을 하고 있는 셈이죠. 성공해도 사실상 성공이 아니거든요.

윤석열 대통령이 그린벨트를 마구 해제하는 걸 보면

"차라리 박정희가 나왔다!"는 소리가 나올 정도죠. 독재자 박정희는 그린벨트는 확실히 보호했죠. 마르크스의 『자본』에도 "차라리 맬서스가 나았다"란 표현이 나오는데, 지금 상황과 비슷한 것 같습니다. 맬서스는 리카도와 달리 "노동일의 연장"을 강조함으로써 자본이 노동에 의존함을 사실상 고백했다는 거지요. 지금은 박정희 시대에 비해 '모든' 걸 자본을 위해 갖다 바치는 것 같아요. 명분은 국가발전이나 경제성장이지만, 결국 탐욕이나 파괴성을 강화하는 방향으로 정책이 가고 있죠.

비수도권 그린벨트를 풀고, 접경 지역이나 군사 지역도 풀어헤치고 있죠. 수도권의 그린벨트를 과감히 풀어 아파트를 짓겠다는 이야기도 나오고 있습니다. 이건 결국 땅값 올리겠다는 이야기잖아요. 그 개발 과정에서 땅과 관련한 빈부 격차가 더 벌어질 것이고요. 개발 욕구가 선거와 맞물리기라도 하면, 파괴성이 높은 공약들이 나오죠.

실제로 개발이 되어도 마을마다 돈이 흘러들면서 공동체와 인간성이 다 망가집니다. 그래서 마을공동체 운동도 돈을 직접 지원하는 것보다 사람이나 물자를 지원하고, 관계망이 실질적으로 회복되도록 하는 데 신경을 써야 하는데, 돈만 뿌리면 결국 실패하게 돼요.

돈벌이와 삶의 질의 관계

우리가 경제학이나 경영학을 배운다는 건 결국 돈벌이를 배우는 거죠. 다른 말로 하면 자본증식을 배운다는 건데, 저는 이 패러다임을 넘어서야지만 비로소 우리가 경제를 제대로 볼 수 있다는 말씀을 드리고 싶습니다. 바른 경제란 돈벌이가 아닌 살림살이죠.

아시다시피 동양에서 경제라는 말은 '경세제민'(經世濟民)의 준말이죠. 세상을 잘 경영해 백성을 구제한다는 의미입니다. 그러니까 하다못해 왕조 시대에도 백성을 구제해 잘 먹고 살도록 해야 한다는, '살림살이' 논리가 있는데, 자본주의는 겉으로 자유민주주의라 하면서도 실은 경제 본연의 의미를 상실하고 돈벌이만 추구하는 경제로 가버렸어요. 많이 뒤틀린 셈이죠.

하지만 사람이 산다는 것(본연의 경제)은, 부모의 조건 없는 사랑을 받고 성장하고, 커서는 서로 좋아하는 사람을 만나 함께 살면서 그 '사랑의 결실'로 아이를 낳고 기르는 거죠. 이웃들과 잘 지내고 햇볕을 쬐면서 살아 있음에 감사와 기쁨을 느끼는 게 '살림살이'입니다. 산나물을 캐면서 산과 들에 감사도 하고, 바다 물고기 건져 먹고 살면서 용왕제도

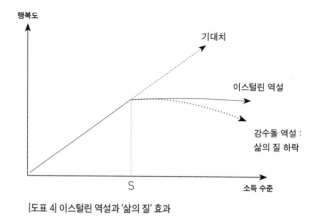

행복도

기대치

이스털린 역설

강수돌 역설 :
삶의 질 하락

S

소득 수준

[도표 4] 이스털린 역설과 '삶의 질' 효과

지내고, 자연의 무서움도 알고 고마움도 알면서 살아야 해요. 이게 전통적인 살림살이죠.

그런데 돈벌이 위주로 달리다 보면 바다를 정복하자, 산을 정복하자, 개발하자, 다 부서져도 돈이 최고다, 이렇게 되는 거죠. 살림살이 개념은 절대 그게 아니거든요. 오히려 우리 어른들이 신령님을 믿듯이 큰 자연에 대해서 경외감을 가지고 조심스러워하고 동시에 이렇게 우리를 살게 도와줘서 고맙다고 인사하면서 사는 거, 그게 살림살이 경제의 기본 모델이고, 그렇게 가야 맞다는 생각을 합니다.

이런 자본주의의 문제점을 이야기할 때, 많이 이야기하는 이론으로 '이스털린의 역설'이라는 것이 있습니다. 앞의 그래프를 보시면 x축이 소득 수준이거든요. y축은 행복도(삶의 만족도)입니다. 오른쪽으로 갈수록 소득이 높은 나라들이고, 행복도는 위로 올라갈수록 커지는 거죠. 1974년 논문에서 이스털린 교수가 40여 나라의 행복도를 조사해 점을 찍어 봤더니, 위와 같은 실선 그래프가 얻어진 겁니다. 언뜻 생각하기로는 소득이 높아질수록 더 행복해질 테니 '기대치'처럼 정비례 그래프가 돼야 하는데, 어느 정도 먹고살 만한 수준(교차점 S)이 지나면 그 이상 벌어도 더 이상 행복해지지 않는다는 거죠. 이게 역설적이라 해서 '이스털린의 역설'이라 하는데요.

왜 행복도가 더 올라가지 않을까요? 저는 결론적으로 '삶의 질' 때문이라 봅니다. 삶의 양(돈, 지위, 명예)이 증가해도, 삶의 질이 증가하지 않거나 낮아지면, 행복도는 거꾸로 내려갈 수도 있어요. 이건 '강수돌의 역설'이라고 할까요? (웃음)

그럼 '삶의 질'은 무엇일까요? 돈을 더 많이 벌더라도 ①건강과 여유를 잃고 ②서로 평등하고 존중하지 못한 채 차별과 불평등이 심해진다면 불행해지죠. 또 ③인정스런 공동체가 깨지거나 ④조화로운 생태계가 망가져 물과 공기가 오염돼도 행복한 삶은 불가하죠. 당연히 먹고살 수준은 돼야겠지만, 돈벌이만 추구하면 삶의 질이 파괴된다는 얘깁니다.

양적인 성장과 '삶의 질'의 후퇴

이런 관점을 가지고 이제 우리나라가 지난 60년 동안 어떻게 변해 왔는지를 살펴보겠습니다. 한국전쟁 직후 우리나라 1인당 국민소득이 약 80달러 정도라 합니다. 2023년에는 거의 3만 4천 달러까지 올라왔습니다. IMF 구제금융을 받았던 때와 2008년 세계금융위기 때 꺾인 적이 있지만 대체적으로 우상향으로 올라갑니다. 쉽게 말해 시간이 갈수록 부자가 되어 가고 있는 거죠. 이 기간 동안 농림어업은 끊임없이 줄어들었고, 광업과 제조업이 IMF 직전까지 절정에 달했다가, 이후에는 서비스업, 금융업, 문화산업 등이 엄청난 규모로 발전을 했습니다.

취업자 수는 최근 통계로 2,800만 명 정도라 하는데, 5,200만 인구 중에 대략 절반 정도가 취업자인 셈이죠. 그런데 이 취업자 중엔 자영업자나 자본가도 들어갑니다. 노동자 수만 따져 보면 2,200만 명 정도라 하죠. 노동자도 정규직과 비정규직으로 나뉘는데, 비정규직 증가가 훨씬 더 가파르고 비중도 절반에 가깝죠. 설사 정규직이라고 해도 과연 일의 의미와 보람을 느끼는 일자리는 또 얼마나 될지 생각해 봐야겠죠.

앞에서 산업화가 파괴성을 강화한다 했는데, 한국 사회도 이렇게 산업화로 나아가면서 도시와 농촌이 양극화되고, 고용이 양극화되었죠. 돈벌이를 잘하는 사람은 골프 치러 다니기 바쁘죠. 국내도 모자라 해외로도 다니죠. 토지의 가치도 도시와 농촌 간 격차가 너무 크고, 심지어 아이들조차 전망이 있는 아이와 없는 아이들로 나뉘죠. 이와 더불어 지구가 황폐화하고 동시에 사람들 영혼도 황폐화합니다.

그런데, 앞도 안 보이고, 말하거나 듣지도 못해 중증장애를 가졌던 헬렌 켈러(Helen Keller, 1880~1968)가 이런 말을 했다 하죠. "나는 눈도 안 보이고 귀도 안 들리고 말도 못하지만, 영혼이 죽지 않았기 때문에 살 수 있었다"라고요. 이 말을 곱씹어 보면, 우리는 헬렌 켈러와 같은 장애가 없지만, 영혼이 죽어 있는 건 아닌가 하는 생각이 듭니다. 영혼을 죽게 만드는 시스템 때문에 우리가 행복한 삶을 살기 어려운 게 아닐까요?

『녹색평론』 같은 잡지에 가끔 나오는 이야기가, 산업화,

경제 개발, 성장 이런 것이 중요하다고 하지만, 실제로 이 발전으로 덕을 본 사람들은 인구의 4분의 1밖에 되지 않는다 하죠. 나머지 75%는 개발로 인해 고통을 당한다는 얘기예요. 그런데 이건 사람의 영역에서 하는 말이고, 자연까지 보면 더 문제죠. 지구는 전체적으로 몸살을 앓고 있고, 과학자들은 6500만 년 만에 6차 대멸종이 다가온다 해요. 공룡이 멸종한 게 5차 대멸종이었는데, 그에 버금가는 대멸종이 온다는 겁니다.

우리나라를 생각해 봐도 마찬가지입니다. 우리는 전쟁 이후 약 70년 만에 1인당 국민소득으로만 따져 약 400배 부자가 된 것인데, 그 과정에서 우리 '삶의 질'이 어떻게 변했는지 한번 옹골차게 따져 볼 필요가 있습니다.

첫째, '삶의 질'의 ①번, 즉 개인 차원의 '건강과 여유'를 볼까요? 한국에서 근로기준법이 처음 생긴 게 1953년입니다. 6.25 전쟁 와중에 근로기준법이 통과되었는데, 당시 법정 근로시간이 주당 48시간이었습니다. 일주일에 연장근로를 12시간까지 할 수 있다는 것은 그때도 마찬가지였고요. 그다음에 노동시간에 변화가 생긴 것이 1987년 6.29 선언 뒤죠. 이때 노동조합 운동이 거세게 일어나 노동법 개정 투쟁도 고양됐죠. 그때 주당 노동시간이 44시간으로 됩니다.

토요일에 오전근무만 하는 것이죠. 문제는 연장근로가 20시간으로 늘어났어요. 그야말로 조삼모사라고 할 수 있는 법 개정이죠.

그다음에 바뀐 것이 노무현 대통령 시절인 2004년 7월부터 주5일제(40시간)가 도입되죠. 그런데 나중엔 참 사악한 일도 벌어지죠. 법원에서 주당 40시간을 따질 때, 토요일과 일요일은 포함이 되지 않는다고 해요. 그러니까 평일 잔업 12시간에다 토, 일요일 각각 8시간씩 더 일할 수 있게 한 겁니다. 다 합치면 주당 68시간까지 노동시간이 늘어나는 거죠. 그러니까 전쟁통에 만든 근로기준법보다 노동시간을 더 늘리려 한 거예요. 윤석열 정부도 69시간까지 늘리려다 좌절됐는데, 이처럼 자본가들의 로비 탓에 노동시간 단축도 참 쉽지 않죠.

이렇게 우리나라 노동시간이 긴 것으로 유명한데, 멕시코가 우리의 체면을 세워 주고 있죠. 1996년에 OECD 가입을 괜히 해서 국제 비교 때 나쁜 걸로 1등 하는 경우가 참 많아요. 노동시간은 '아쉽게도' 멕시코가 좀 더 길어 1등을 못 했죠. (웃음)

그런데 네덜란드나 독일, 덴마크, 이런 나라들은 연간 평균 노동시간이 1300~1400시간밖에 되지 않는데도 사회가 잘 돌아갑니다. 우리나라는 1900시간이 넘죠. 실제로는 더 길지만요. 물론 유럽이 짧은 노동시간을 유지할 수 있는 배경엔 옛날 제국주의로 쌓은 엄청난 부의 토대가 있기 때문입니다만, 그걸 감안해도 차이가 크죠. 이 나라들은 노동운동과 사회운동이 성숙되어 있고, 정치가들도 일말의 양심은 있어서 '삶의 질' 차원을 생각합니다. 하지만 한국은 여전히 갈 길이 멀죠. 과로사가 많기로 유명했던 일본조차 노동시간이 우리보다 300시간이나 짧아요. 역시 큰 차이입니다.

둘째, 삶의 질 ②번은 관계의 차원에서 사람들이 서로 존중하고 평등한가입니다. 하지만 차별과 불평등이 심한 게 우리 현실이죠. 학력, 인종, 피부색, 성적 취향, 미혼모, 장애인, 외모 차별이 우리 사회에 만연해요. 사람들 사이의 존중도 찾아보기가 어렵죠.

셋째, 삶의 질의 ③은 인정스런 공동체입니다. 그런데 서비스업이 급격히 발전했다 하지만, 공동체는 해체되고 있고 그 안에서 외로운 사람들이 많아지고 있죠. 농어촌에서 노인들 만나 보면 엄청나게 외로워하시죠. 자식들 키우느라 힘들게 살았는데, 이제 정신 차리고 보니 몸이 망가지고, 공동체는 깨지고, 공기까지 안 좋은 세상이 된 겁니다.

넷째, 삶의 질 ④는 조화로운 생태계입니다. 그러나 애

국가에 나오는 '삼천리 금수강산'은 온 데 간 데 없고 '삼천리 오염강산'만 남았죠. 그나마 갈수록 더 빨리 파괴되고요.

솔직히, 이렇게 된 책임에서 민주당 정부나 보수 정부나 차이가 있는지 모르겠습니다. 보수 정부가 돈벌이와 개발에 몰두한 것이야 말할 필요도 없지만, 노무현 대통령 때조차 경주 방폐장이나 제주 강정 해군기지 건설이 있었고, 세종시 한다고 농민들 몰아내고, 같은 식으로 평택 미군기지도 만들었죠. 문재인 정부 땐 태양광 사업을 너무 대대적으로 허가해 준 것도 문제입니다.

물론 기본 방향은 태양광 등 자연에너지를 쓰는 쪽으로 가야 하지만, 소규모로 마을이나 공장 지붕 같은 걸 활용하고, 조망권이나 자연 생태계의 피해를 최소화하는 방향으로 연구하고 토론하고 만들어야 하는데, 그냥 관련 업계에 넘겨줘 버린 감이 있죠.

이렇게 우리나라 '삶의 질' 문제를 요약하면 행복도가 상대적으로 낮은 수준입니다. 세계 7~8위 경제대국이란 위상에 걸맞지 않게 사람들의 행복감이 낮습니다.

결국 그 근본 원인은, 사회적 가치나 생명의 가치를 모두 경제적 가치로만 바꿔서 판단하고 성장과 개발에만 주력하다 보니, 사회 가치나 생명 가치를 해치는 파괴성만 증가

한 데 있죠. 이제 사람들의 영혼도 돈에만 가치는 두는 쪽으로 바뀌었어요. 돈만 추구하다 보면 인간관계나 생태관계가 망가지는 측면을 안 보려 하죠.

그래서 요즘은 초, 중학교 학생들까지 '돈만 많으면 최고'라는 생각을 갖게 됐습니다. 어른들 잘못이죠. 제가 다른 곳에서 강의를 하는데, 중학교 1학년 학생이 왔어요. 그런데 그 학생의 꿈이 '건물주'라 하더라고요. 건물 두 채를 가지고 한 채는 세를 놓고, 다른 한 채에서는 자기가 치킨집을 하고 싶대요. 그래서 제가 "그렇게 많이 벌어 뭘 하고 싶냐?" 했더니, 매일 낚시하면서 살고 싶다는 겁니다. 어린 학생들도 돈이 최고란 가치관을 갖고 있다는 말을 언론에서만 봤는데, 눈앞에서 그런 얘기를 들으니 마음이 더 안 좋더라고요.

그래서 하인리히 뵐(Heinrich Böll, 1917~1985)이라는 노벨 문학상 받은 독일 작가의 이야기가 생각나 들려줬죠. 「어부와 관광객」이라는 잘 알려진 이야기인데요. 내용은 이렇습니다.

어느 날 선진국의 관광객이 가난한 나라의 어촌에 갔습니다. 마을이 아름다워 사진을 찍고 있는데, 한쪽 구석 모래밭에 한 노인이 낮잠을 자고 있는 겁니다. 그걸 사진으로 찍는데, 노인이 깼죠. 그러자 관광객이 노인에게 "왜 고기를 잡으러 가지 않으세요?"라고 묻습니다.

노인 이미 새벽에 나가서 고기를 한 번 잡아왔다네.

관광객 한 번 더 가서 고기를 잡아오면 좋잖아요.

노인 그렇게 고기를 더 잡아 뭘 하겠나.

관광객 고기를 더 많이 잡아서 낡은 배를 새 배로 바꿀 수 있겠죠. 배가 좋으면 더 많은 고기도 잡고요. 돈을 더 벌면 창고도, 가공공장도 짓고 해서 큰 부자가 될 수 있지 않겠어요?

노인 그렇게 부자가 돼서 뭐 하게?

관광객 그럼 저 산 위에 별장을 짓고 아주 여유롭게 살 수 있잖아요.

노인 나는 옛날부터 여유롭게 살고 있다네.

부채와 공정한 분배

앞 이야기 속 관광객의 말처럼, 돈이 돈을 버는 자본주의 과정이 별 탈 없이 지속되면 문제가 없을 수도 있지만, 그럴 수 없죠. 인간과 인간, 인간과 자연의 관계를 파괴하면서 돈과 상품을 만들어 내는 과정에는 언젠가 한계가 올 수밖에 없습니다. 이게 외적인 한계라면, 내적인 한계도 있죠.

경쟁력 향상을 위해 물건을 많이 만들어 낼수록 단위 상품당 들어가는 인간의 노동량이 줄어들기 때문에 자본이 얻어가는 잉여가치는 축소될 수밖에 없다는 자가당착입니다. 이 모순이 자본주의 안에 존재하고 있음을 우리가 잘 알아야 해요.

그런데, 이 과정의 끝은 결국은 빚더미 사회가 된다는 게 자본주의의 결론 중 하나예요. 우리나라의 부채 수준도 엄청나죠. 우리가 1년 동안 열심히 생산한 부가가치의 총합이 GDP인데요. 우리나라의 국가와 기업, 개인이 가지고 있는 빚이 GDP에 2.6배라 합니다. 게다가 다른 나라들은 부채가 줄어드는데 우리나라는 해마다 늘어나고 있다 하죠. 선거 때마다 온갖 개발 사업을 한다고 하는데, 이것이 다 빚더미 사회를 만들어 가는 과정이라는 겁니다.

우리나라 부채 총액이 2024년에 6천조 원을 넘어섰다 하는데, 대략 5천만 인구로 나누면, 1인당 1억 2천만 원의 부채를 지고 있는 셈이죠. 갓난아기들까지 1억 넘는 부채를 갚아야 하는 '역사적 사명'을 띠고 이 땅에 태어나는 셈이죠.

당연히 부채를 줄이려 노력해야겠죠. 부채를 줄이려면 공정하게 조세를 부과하고, 세수를 확충해야 하는데, 정부가 '부자 감세'에 올인해 여기저기 깎아 주기 바쁘니 큰 구멍이 생기죠. 특히 지출 차원에서 엉뚱한 데 쓰는 돈이 너무 많아요. 예전의 4대강 사업이나 새만금 개발 같은 대규모 사업부터, 검찰이나 정치인들의 각종 특활비 등, 새는 돈이 너무 많습니다. 최근엔 포항 인근에 석유 난다고 난리를 피웠지요. 이 모든 걸 잘 감시해서 고쳐야 해요. 사실, 우리나라는 돈이 없어서 복지국가가 안 되는 게 아니라 '도둑놈'이 너무 많아서 안 된다는 자조 섞인 얘기도 있지요.

그런데, 케인스라는 사람 들어보셨죠? 존 메이너드 케인스(John Maynard Keynes)입니다. 1930년대에 복지국가 이론을 만들었죠. 1929년에 미국에 대공황이 터졌죠. 주가 폭락과 공장 폐쇄, 대량실업이 겹친 거죠. 그런데 케인스는 이 모든 배경에 노동자들의 호주머니가 텅텅 비었다는 사실이 있다고 했어요. 이제는 노동력이 아니라 구매력이 문제라는 거죠. 그래서 국가가 나서서 고용 창출도 하고 노동권도 강화하고 빈민도 도와야 한다는 이론을 펼친 거죠.

그런데 이 아이디어는 굉장히 긍정적으로 들리지만, 실은 자본주의를 살리기 위한 해결책이었지 자본주의를 넘어서는 건 아니었죠. 약간의 효과는 있었지만, 실제로 영국이나 미국 경제를 살린 것은 2차 세계대전이라 하지 않습니까? 그리고 현재도 미국 경제는 그렇게 안정적인 단계가 아니기 때문에 끊임없이 전쟁 경제를 초래하고 있다는 정치경제학자들의 분석이 많이 나오고 있고요. 미국이 전쟁을 좋아하는 이유는 경제가 안정되어서가 아니라 오히려 취약하기 때문이라는 겁니다.

제가 여기서 케인스 이야기를 꺼낸 이유는 그의 미래 전망 때문입니다. 그는 1930년경의 한 논문에서 "지금보다 100년 뒤(2030년대)엔 노동생산성이 높아져서 일주일에 15시간만 일해도 되는 세상이 올 것"이라 예측했습니다. 주 5일 기준으로 하루 3시간만 일을 하면 될 거라 본 거죠.

지금 우리네 현실은 전혀 그렇지 않죠. 케인스가 생각하기에 생산성이 올라가서 기업이 돈을 벌면, 모든 시민들이 혜택을 볼 거라고 한 건데, 그렇지가 않은 겁니다. 지금 자본가나 정치가들도 '낙수효과'(트리클다운) 이야기를 하죠. 가장 위의 그릇에 물을 다 채우면 흘러넘쳐 맨 아래까지 그 물의 혜택을 본다는 건데요. 현실은 어떻습니까? 물을 아무리 채워도 아래로 흘러내려가지 않죠.

제가 보기에 이렇게 되는 데에는 세 가지 정도 문제가 있습니다. 우선, 맨 위의 그릇이 어머니 은혜처럼 너무나 넓고 깊어서 아무리 채워도 차지 않는 거죠. 두번째는 거의 다

채웠다 싶으면, 재벌들이 새 그릇을 다시 가져다 놓습니다. 계속 채우라는 거죠. 셋째는 그릇 뒤를 보니 구멍을 뚫어 호스를 대고 다른 데로 빼돌리고 있는 거죠. 고위 관리나 판검사 매수, 해외로 빼돌리기…, 이렇게 해서 맨 위 그릇의 물이 영원히 아래로 흐르지 않습니다.

지금까지 말씀드린 것을 결론으로 종합하면, 자본이 아니라 민본이 되어야 합니다. 그런데 민본이라는 말도 실은 사람 위주죠. 그래서 1강에서도 말씀드린 '생태민주주의'가 대안이 되어야 한다고 생각합니다. 민주주의를 하되 생태주의와 결합해서 사람과 사람, 사람과 자연이 공존하는 세상을 만들어야 하겠죠. 그러려면 지역, 공동체, 마을, 민주주의를 살리고 자연과 인간이 조화되는 새로운 사회 경제 시스템을 창출해야 합니다. 이걸 어떻게 할지에 대해서는 앞으로 이어질 강의들에서 더 이야기해 보도록 하고요.

마지막으로, '인생은 속도나 높이가 아니라 과정과 느낌'이라는 점을 강조하면서 강의를 마무리할까 합니다. 보통 우리는 어릴 때부터 '열심히 공부해서 좋은 대학 가고 좋은 직업 가져서 남보다 더 빨리 더 높이 올라가야 성공한다'는 말을 귀에 못이 박히도록 들어 왔죠. 이게 속도나 높이라는 말의 뜻입니다.

그러나 오늘도 내일도 우리가 발을 내딛는 한 걸음 한 걸음마다 과정과 느낌(특히 행복)을 중시하면서, 매사에 내가 책임성 있는 주체로 느끼고 생각하고 판단하고 행동하면서 살아야 나중에 후회하지 않는 삶이 된다는 겁니다. 돈벌이 경제가 아닌 살림살이 경제의 관점에서는, 삶에 필요한 돈은 어느 정도 필요하고 당연히 벌어야지만 그것이 자기 행복과 사회 행복에 모두 도움 되는 방향으로 가야 한다는 겁니다. 그러기 위해서는 앞서 강조한 '삶의 질' 차원을 놓쳐서는 안 되겠죠.

'삶의 질'을 위해 필요한 것은 이미 네 가지 말씀드렸죠? 복습하는 의미로 다시 말씀드리면, 우선 개인 차원에서 건강하고 여유를 누려야 삶의 질이 높은 거죠. 그다음 개인과 개인의 관계에서는 서로 존중하고 평등해야 한다고 봅니다. 세번째는 인정스런 공동체가 활성화되어야 하고요. 끝으로 조화로운 생태계를 유지하는 것이 중요합니다. 아무리 돈벌이를 하더라도 이런 '삶의 질'의 네 차원을 놓치면 행복이 아니라 불행해지기 쉽다는 말씀이지요.

꽤 오래전에 이반 일리치(Ivan Illich) 선생이 우리가 인간답게 살아가는 데 필수적인 물건이 세 가지 있다고 하셨죠. 자전거, 도서관, 그리고 공원이 바로 그것입니다. 생각해 보면 이 세 가지가 모두 '삶의 질'을 고양하는 데 참 필요한 것이라 봅니다. 그런데 오늘날 우리들은 그런 것보다 스마트폰이나 자동차, 아파트 같은 것에 더 관심을 기울이죠. 실은 이것들이 중독물 역할을 하는데도, 그것도 모르고 자꾸 빠져들지요.

결론적으로, '삶의 질'을 드높이기 위해서라도 우리가 모래알처럼 흩어져 살 게 아니라 인문학 모임이건 마을공동체건 보다 더 소통하고 연대하는 방식으로 살아가면 좋겠습니다. 그렇지 못하다면 우리는 앞서 말씀드린 우로보로스나 에리시크톤 같은 괴물들에게, 아니면 암세포 같은 존재들에게 잡아먹히게 된다는 점을 꼭 기억하면 좋겠습니다.

어쨌든 '생태민주주의'를 현실로 만들기 위해서라도 공동체와 연대 개념으로 살아가는 게 옳겠다, 이런 생각입니다. 제 강의의 마지막엔 늘 '오늘 행복을 내일로 미루지 말라'고 강조합니다. 이게 그냥 손쉬운 구호 같기도 하지만, 어찌 보면 깊은 뜻이 담겨 있습니다. 사실, 자본주의 원리는 '내일 행복을 위해 오늘을 희생하라'는 것이거든요. 그렇죠. 내일의 행복을 위해서 오늘 공부하고 또 취업해서 열심히 일하고, 날마다 현재의 욕구를 억압하라! 이렇게 말하죠.

근데 그렇게만 살다 보면 아까 초두에 말씀드린 바처럼

일만 하다가 쭉정이가 된 다음에 결국 병들어 병원 신세만 지다가 가십니다. 혹시 건강하다 하더라도 결국은 자식 낳아서 2세대 노동력을 잘 길러 자본에 갖다 바치고 인생 마무리를 하는 꼴이죠. 그래서 나름 성공적으로 잘 살았다고 생각하지만 실은 성공해도 실패요, 실패하면 낭패인 그런 게임입니다.

그래서 함께 둘러앉아 인문학 공부도 하면서 서로 흔들리는 마음을 좀 다잡아 주고 서로 위로하고 격려하면서 그렇게 사는 것이 진짜 행복이라 생각합니다. 어찌 보면 인문학 모임 같은 데서 서로 이야기 나누고 고민도 같이 하고 토론하면서 사는 것 자체가 이미 대안 사회를 만드는 과정이죠. 나중에, 먼 미래에, 뭔가 큰 것을 도모하자, 이런 게 아니라 '지금 여기서' 다른 세상을 만드는 게 중요합니다. 다음에 만날 때 더 행복한 얼굴로 뵙기를 소망하면서 오늘 강의는 여기서 마치겠습니다.

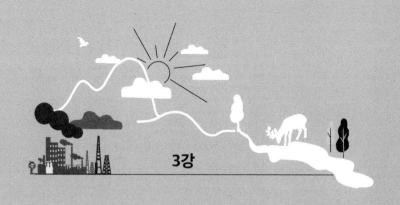

3강

기후위기, 모순의 종합

오늘은 이 시대의 화두인 기후위기에 대해 본격적으로 이야기를 해보려 합니다. 기후위기라는 주제가 나오면, 많은 사람들이 자동차를 많이 타고 다녀서 문제다, 에너지를 너무 많이 쓰고 있다. 아니면, 발전소에서 화석연료를 많이 쓰는 게 문제다 등등 여러 진단을 하는데, 저는 이런 진단에서 그쳐서는 안 된다고 봅니다. 즉, 자본주의 경제 구조와 우리가 당연시하는 자본주의적 생활 방식의 총체적 결과가 곧 기후위기로 나타났다는 말씀을 드리려 합니다.

유별난 사람들이 세상을 바꾼다

기후위기에 대해서는 세계적으로 청소년들도 많이 나서서

문제제기를 하고 있는데요. 우리나라에서도 '청소년기후행동'이라는 단체가 활동을 하고 있죠. 10대 청소년들이 활동을 하는데 숫자는 많지 않지만 생각이 훌륭하죠. 기후문제가 심각하고 자신들의 장래가 어떻게 될지 불안하다는 것에 대해 적극적으로 토론하고 활동을 하고 있죠. 이 친구들이 4년 전에 헌법재판소에 소송을 제기했는데, 4년 만에 비로소 헌법재판소에서 검토에 들어갔습니다.

실은 이런 헌법 소원이 시민단체들로부터 크게 4건이 들어갔고, 그게 병합되어 헌법재판소에서 종합 검토를 했어요. 다행히 심층 검토 끝에 2024년 8월 말에 헌재에서 일부 승소 판결이 났습니다. 정부가 기후위기 대응책을 수립하긴 했지만 2030년 이후엔 아무 대책도 없기 때문에 서둘러 미래 세대를 위한 대응책을 수립하고 실천하라는 얘깁니다.

공개적으로 소송에 들어갔을 때 헌법재판소 재판관이 청소년들과 동반한 변호사들에게 "한국 정부가 정말 파리기후협약(2015년)의 온실가스 감축 목표를 지킨 적이 없는지"를 물었다고 하죠. 뒤에서도 더 다루겠지만, 2015년에 지금 지구 온도가 너무 올라갔으니까 앞으로 1.5도 이상으로 안 올라가게 국제적인 협약을 맺죠. 2030년쯤까지 '넷제로'(Net-Zero), 즉 온실가스를 뿜어내는 것을 줄이고, 대기 중의 온실가스를 흡수하거나 줄이는 기술을 적용해 뿜어내는 것과 균형을 맞추자는 목표를 세우죠.

이걸 국제적 표준으로 만들고 각 나라에게는 몇 년도까지 어떤 식으로 계획을 이행하겠다는 계획서를 제출하게 했습니다. 강제력은 없지만, 국제적 압력을 가하면서 공동의 책임감을 드높이는 노력을 하자는 식의 협약이 맺어졌죠. 이런 맥락에서 각 정부는 온실가스를 줄이려는 노력을 해야 하는데, 우리나라가 그 직무를 유기하고 있다며 청소년들이 문제제기를 한 것이죠. 다행히 재판에서 일부 승소라도 해서 청소년들이 힘을 좀 얻은 것 같습니다. 우리가 힘을 합쳐 움직이면 세상을 조금이라도 바꿀 수 있다는 효능감을 갖게 된 것이죠.

대한민국 헌법 35조는 '환경권'을 명시하고 있습니다. 국민은 건강하고 쾌적하게 살아갈 권리가 있을 뿐만 아니라 환경을 잘 보존할 책무도 있다는 것을 규정하고 있는데요. 청소년들이 이에 근거해 정부가 제대로 일을 하지 않고 헌법을 위배하고 있다는 문제의식을 갖게 된 거죠. 물론, 일부 승소 판결에 청소년들이 기뻐하기도 했지만, 사실은 2030년 이전에도 정부가 기업들의 온실가스 배출을 제대로 규제하지 못하기에 헌법재판소가 그 부분에 대해서 좀 확실히 잘못을 지적해 주었으면 좋았는데, 별 문제의식을 못 느낀 것 같아 서운한 부분도 있긴 해요. 그럼에도 기후위기 관련 소송의 첫 걸음이니, 계속 관심을 가져야겠죠.

자료를 좀 찾아보니 이렇게 기후 문제로 재판을 벌이는 일이 한국에서만 유별나게 일어나는 일이 아니더라고요. 1986년 이후 무려 세계 51개 나라에서 2,340건의 소송이 진행되었다 하는데, 평균으로 치면 나라마다 40건 이상의 소송이 있는 거죠. 그에 비하면, 우리나라는 오히려 유별나게 관심이 '적은' 나라더라고요. 부끄럽게도! 세계적으로 온실가스의 80% 이상 뿜어내는 나라들이 20개 정도 되는 걸로 나오는데, 한국은 10위권 안에 들 정도로 많이 배출하거든요. 그래도, 늦었지만 시작한 건 잘했죠!

세계에서 벌어지고 있는 실제 소송 사례들을 보면, 하와이에서 2022년에 10대 청소년 13명이 정부가 고속도로 건설을 많이 해서 환경을 파괴하고 기후위기를 일으켜 청소년들의 미래를 불안하게 만들었다고 소송을 건 일이 있었죠. 이 소송은 대표 청구인이자 하와이 원주민 청소년인 나바히네 후쿠미츠의 이름을 따 '나바히네 기후소송'으로 불렸어요. 긴 쟁송 끝에 마침내 2024년 6월에 하와이 교통 당국과 원고 측(아워칠드런트러스트)은 합의에 도달했다 합니다. 반

가운 일이죠. 합의 내용은, 하와이 주정부가 어린이들의 삶이 지속 가능하도록 기후에 대한 헌법적 권리를 공식 인정했고요, 2045년까지 하와이주 내 육상과 해상 그리고 항공 등 모든 교통수단의 탄소배출량을 0으로 만드는 것을 목표로 정했어요. 그리고 대기 중 배출된 탄소를 제거하는 '탄소 네거티브'를 달성하기 위한 변화와 계획을 수립하겠다는 주정부의 약속도 나왔죠. 게다가 탈탄소화를 전담하는 새로운 부서를 만들고자 '청소년위원회'도 창설하기로 했죠. 고무적입니다.

또, 스위스 할머니들이 스위스 정부를 상대로 유럽인권재판소에 소송을 내서 승소한 일도 있어요. 즉, 스위스 정부가 기후위기에 부적절한 대처를 하는 바람에 유럽인권협약에 있는 건강권과 환경권이 침해당했다는 얘기죠. 원래 이 소송은 스위스 환경단체 '기후 보호를 위한 노인 여성' 회원들이 2020년 11월, 스위스 정부를 상대로 냈어요. 스위스 정부가 온실가스 감축에 실패했고, 지구온난화로 인한 영향을 줄이는 데도 실패해 노인 여성의 삶과 생활 조건, 건강에 부정적인 결과를 가져왔다고 주장했지요. 이에 대해 유럽인권재판소(ECHR)는 2024년 4월, "과학적 지식에 의해 확인된 강력한 기후변화의 상황을 인지한다면, 인권을 보장해야 할 책임이 있는 사법 기관인 재판소가 [이 주장을] 무시할 수 없다"며 "지구온난화를 산업화 이전 수준과 비교해 1.5도 이내로 제한하려면 세계적인 온실가스 감축 노력도 부족하지만, 스위스 정부의 기후변화 대응 실패와 부작위로 인한 결과로 인해서도 노인들에게 부담이 커지고 있다"고 했어요. 결국, "스위스 정부의 부족한 기후위기 대응 때문에 노인 여성의 '사생활 및 가족생활에 대한 권리'가 침해됐다"며 향후 스위스는 "과학을 기반으로 온실가스 감축 목표를 조정해야 한다"고 했지요. 이 역시 고무적인 일입니다.

반면에 2016년도에 그린피스가 노르웨이 정부를 상대로 소송을 제기했는데, 대법원까지 간 결과 2022년 12월에 패소했던 적이 있어요. 그 내용은 노르웨이 정부가 북극 바렌츠해 석유 탐사를 10건이나 허가해 준 결과 온실가스 배출 증대에 기여해 '헌법 112조'의 건강권과 환경권을 침해했다는 것이죠.

여하튼 이런 식으로 세계 곳곳에서 기후위기 관련 소송들이 많다는 점, 게다가 최근으로 올수록 법원도 미래 세대인 청소년들의 건강권과 환경권을 적극 인정하는 분위기라는 점도 기억할 필요가 있겠습니다.

청소년과 어른들이 합심해서 기후위기 문제제기를 하

거나 기후정의행진 같은 것도 종종 하죠. 그런 구호들 중에 "Tommorrow is too late for climate justice"라는 문장이 있습니다. '기후정의를 위해 내일은 너무 늦다'란 말이죠. "나중에 합시다"라고 해서는 너무 늦다는 말입니다. 청소년들에게 정부나 부모가 "다음에 하자", "나중에 하자"라고 이야기를 잘 하는데, 그건 상황을 외면하고 일단 회피하기 위한 변명일 뿐이죠.

이렇게 '지금 당장' 나서야 한다는 문제제기가 일어나고 있는데요. 그다음에 또 중요한 것은, 기후위기의 위험에서 벗어나는 데 있어 누구도 '배제되지 않을 권리'가 있다는 것입니다. 기후위기의 위험을 특정 집단이 더 많이 감당하게 돼선 안 된다는 거죠. "Climate litigation for the rights of all"이란 문장은 '모든 사람의 권리를 위한 기후소송'이란 뜻입니다. 건강권이나 환경권은 누구도 배제되지 않아야 할 보편 인권이라는 뜻으로 보시면 되겠네요.

이런 구호들을 외치면서 소송까지 하는데, 어떤 이들은 이런 사람들을 '참 유별난 사람들'이라고 할 수도 있습니다. 그런데 늘 역사는 '유별난 사람들'이 먼저 어색함을 무릅쓰고 앞장서서 뭔가를 만들어 내면서 큰 흐름이 바뀌죠. 보통 사람들도 문제를 느끼고 별 어색함 없이 무심코 동참할 때가 되면 실은 문제를 바로잡기에 이미 늦은 경우가 많아요.

저 역시 시골 마을 이장(2005~2010년)까지 하면서 불법 아파트 건설 사업에 저항해 싸운 적이 있습니다. 그런데 이런 아파트 개발 사업이나 리조트 개발 사업 같은 것도 사람들이 다 "큰일 났다!"며 꽹과리 치고 나설 때는 이미 사업이 절반 이상 진척이 되어 되돌리기 어려운 경우가 제법 많아요. 자본과 권력은 그렇게 민중을 잘 속이거든요.

사실, 지금 기후위기 문제도 이미 보통사람들 눈에도 위기로 느껴질 정도가 되어 버렸는데, 그래서 '유별나' 보이는 사람들이 아무리 발버둥 쳐도 이미 지구의 미래는 비관적이라고들 얘기하죠. 저도 비관적이라는 데 동의하는데, 그렇다고 지금 손 털고 흘러가는 대로 두면 더 빨리 망가질 거잖아요.

그러니까 내가 죽을 때까지 최대한 발버둥이라도 쳐야 됩니다. 물론 그 과정조차 좀 즐겁게 하면 좋겠어요. 너무 비장하게 하다 보면 심신이 망가지거든요. 때아니게 일찍 돌아가시는 분들 보면, 대체로 혼자서 너무 힘들게 하다가 쓰러지는 경우가 많아요. 엄밀히 보면 주변에서 함께하지 않은 우리들도 모두 간접 살인자가 되는 셈이죠. 물론 주범은 세상을 나쁘게 만드는 진짜 탐욕적인 사람들이지만요.

그런데 우리가 최후의 일각까지 최선을 다해 지구를 구하려고 노력해야 하는 다른 이유도 있어요. 그것은 그 노력하는 과정에서 불가피하게 파국의 순간을 맞이한다 하더라도 망한 뒤에 혹시라도 살아남을 아이들을 위해서라도 지금 이 순간을 제대로 잘 살아야 하기 때문입니다. 우리가 살아가는 모습이 아이들에겐 교과서가 되거든요. 우리가 사는 모습, 그리고 아이들에게 자상하게 가르치는 내용들이 모두 아이들에겐 좋은 유산이 될 겁니다. 이런 관점으로 좀 길게 내다보고 절대 포기하면 안 된다는 생각을 합니다.

이미 도착한 기후위기

그럼, 기후위기가 어떻게 우리에게 다가오고 있는지 살펴보겠습니다. 우선, 날씨랑 기후가 어떻게 다르죠? 날씨가 쌓여서 어떤 경향을 나타내는 것이 기후입니다. 비유하자면, 날씨가 기분이라면 기후는 성격이라 보면 됩니다. 기후학자 조천호 박사의 말씀이죠.

날씨가 일시적인 거라면 기후는 일종의 패턴이죠. 기후변화란 이 기후의 패턴이 예전과 많이 달라졌다는 겁니다.

이상기후나 기후변화라 하던 때가 얼마 안 된 거 같은데, 지금은 기후위기, 기후참사, 기후파국과 같은 말들이 쓰이고 있죠. 기후위기만 해도 나은데, 기후참사나 기후재앙, 기후파국은 좀 무섭게 들리네요. 그런데 이런 위기의 징후가 이미 현실인 것을 부정하기 어려운 상황인 겁니다.

우리나라도 온대 몬순기후라 했는데, 요즘은 거의 아열대기후라 하죠. 때아닌 장마나 폭우, 그리고 가뭄이나 폭염이 잦아지고 있고, 이제는 춘하추동이 아니라 그냥 건기와 우기로 나뉘는 것 같아요. 해마다 "이번 여름이 가장 시원하대" 하면서 폭염을 견디고 있죠.

기후위기를 나타내는 시계가 있어요. 이 시계가 12시를 가리키면 지구에 사람을 비롯해서 생명체가 살기 힘든 상황이 된다는 건데, 한국은 지금 10시쯤 와 있다 합니다. 2시간밖에 남지 않았다는 건데, 이런 얘기를 들으면 초등학생들은 패닉이 일어나죠. 그래서 아이들에겐 너무 과격하게 말하지 말고 조금 조심스레 말할 필요가 있습니다. 그러나 반대로, 아이들에게나 어른들 스스로, "기후위기? 그거, 별거 아니야. 좀 떠들다가 또 조용해질 게야. 어차피 기술로 다 해결이 되는 거지"라는 식으로 말해도 곤란해요.

제 두 살짜리 손자가 저랑 장난하며 놀다가 이마를 모서리 같은 데에 살짝 부딪혔는데, 거기를 다시 지날 때는 손으로 모서리를 가리고 지나가더라고요. 두 살짜리 아이도 아프고 나면 자기를 보호해야겠다는 생각을 하는데, 이성을 가진 성인들이 이미 닥쳐 온 기후위기를 너무 위기감 없이 보면 이건 집단 불감증이죠. 이성을 가졌다면, 차분하게 우리의 생활 방식이나 경제 구조를 들여다보고 고치려 해야겠죠. 기후위기를 남의 일처럼 여기는 건 두세 살짜리 아이보다 더 못한 일이 아닌가 합니다.

하지만 또 당장 먹고살기 바쁘고, 내 눈앞에서 쓰나미처럼 바다가 넘치거나 아파트가 무너지거나 누군가 목숨을 잃는 것이 아니라면 아무리 기후위기가 위험하다 해도 외면하기 쉽죠. 그런데 사실 기후위기는 이미 우리 눈앞에서 벌어지고 있어요. 일례로, 농부들은 예전보다 작황이 나쁘고, 꿀벌도 절반 이상 사라졌다 해요. 지금 당장 식사 때 먹는 생선에도 엄청난 미세플라스틱이 있어서 우리 몸속으로 들어올지 몰라요. 일주일에 미세플라스틱을 신용카드 1장 분량 먹는다 할 정도죠. 그래서 전등불도 너무 밝게 켜고, 에어컨 쌩쌩 돌리고, 자가용으로 마구 돌아다니는 삶들이 위기적 상황에 비해 너무 안이한 게 아닌가 싶기도 합니다.

물론, 그렇다고 해서 내일 당장 보따리 싸 가지고 지리

산으로 도망가자거나 패닉 상태에 빠져선 안 되겠죠. 하지만 어쨌든 위기가 다가오고 있다는 것은 분명합니다. 꿀벌이 줄어든다는 이야기도 했지만, 어촌의 어른들을 만나 보면 예전에 비해 물고기가 안 잡힌다고 해요. 이 책 맨 뒤에 수록한 「보론」에서 갈사만 얘기를 할 텐데, 남쪽바다 갈사만의 어떤 어르신은 예전에는 저녁에 나가서 전어를 2~3시간 잡으면 배에 한가득 잡았다 해요. 그런데 요즘은 하루 종일 잡아도 얼마 안 된다는 겁니다. 물론, 그간 너무 많이 잡는 바람에 씨가 마른 것도 있겠죠. 게다가 해양 산성화나 수온 상승으로 플랑크톤이 죽고 그러면서 어족이 고갈되는 것 같습니다.

농사도 마찬가지입니다. 제가 사는 하동에서 감 농사 하는 분 말씀이 작황이 옛날보다 30% 이상 줄었다 해요. 농작물의 재배 한계선도 북으로 올라가죠. 나중엔 남한에서 사과농사가 안 돼 북한에 가서 농사지어야 하나라는 우스갯소리를 하기도 해요. 날이 예전과 다르게 추웠다 더웠다 하니까, 농작물이 제때 꽃을 피우고 열매를 맺지 못해 복숭아, 매실, 배, 전부 작황이 안 좋죠. 냉해를 막으려고 하우스에 석유를 때서 온도를 높이는데, 이런 것도 참 악순환이죠. 불을 땔수록 기후위기는 심해지니까요.

이것도 결국 죽음으로 가는 길목이죠. 과일을 먹지 않아야 하는 걸까요? 어느 분 말씀이 완도에서 김 농사 짓는 형이 있는데, 올해 미역하고 김이 완전히 망했다 해요. 해수 온도가 높아서 해조류가 다 녹는다는 거죠. 온도를 재 봤는데, 평년보다 1도나 높았다 해요. 1도면 엄청 높아진 거죠. 그래서 아무것도 양식이 안 된다 합니다. 이런 상황은 해가 갈수록 더해질 거고요. 이렇게 되면 당연히 갈수록 물가는 오를 수밖에 없고, 그러다 보면 생필품조차 구하지 못하는 생존 위기가 다가오겠죠. 벌써 인도, 태국, 베트남이 쌀 수출을 제한하는 바람에 쌀 가격이 폭등한다는 얘기도 있죠. 아예 하나도 수출하지 않으면, 쌀농사 없는 나라는 어떻게 될까요? 2011년 중동 지역의 식량폭동 같은 사태가 발생하지 않는다는 보장은 없죠.

기후위기가 드러내는 불평등과 고통

이런 문제는 다시 '정의나 불평등' 문제로 연결됩니다. 기후위기가 이렇게 닥쳐도 돈 많고 여유로운 사람들, 용산이나 여의도에 앉아 있는 사람들은 어떻게 해서든 다 구해서 먹고 넘칠 정도로 쓰겠지만, 대다수 사람들은 식량부터 해서 우리가 누리던 걸 많이 포기해야 하는 사태가 올 거라는 얘기죠. 자급자족을 하고 싶고 하려고 해도 기후위기로 불가능한 때가 옵니다.

또 제가 최근에 뉴스를 보다가 눈에 띄었는데, 2년 전에 남극 기온이 예전 평균보다 38.5도나 올라갔다 해요. 3.8도도 아니고 38도가 오르다니요? 남극이 여름에 덥고, 봄 기온도 평년 대비 40도가량 오른 걸로 나타났다고 합니다. 남극대륙은 빙하 대륙이죠. 물 아래 빙하 두께가 3미터도 아니고 3천 미터나 된다지요. 그런데 이렇게 기온이 오른 겁니다. 저도 뉴스에서 잠깐 봤는데 빙하가 녹아서 폭포처럼 떨어지더라고요. 맞아요. 이건 '가짜 뉴스' 같죠? 이게 진짜라니까요.

북극은 아메리카, 유럽, 아시아가 둘러싸고 있는 물인데, 두께가 3미터 정도 얼어 있다 해요. 북극 얼음도 자꾸 녹아서 북극곰이 오갈 데가 없다고 하지요. 제가 2019년에 스웨덴에 가서 연구년을 보낼 때 아이슬란드 여행을 한 적이 있어요. 특히 아이슬란드 요쿨살론이란 곳에는 빙하 호수가 있는데, 놀랍게도 빙산에서 녹은 빙하 덩어리가 강물이 되어 둥둥 떠내려오는 장면을 보면서 한편으로는 경이롭기도 하고 다른 편으론 무섭기도 했습니다. 정말 만년설이나 빙하가 이런 식으로 녹고 있구나, 이거 정말 큰일이다, 이런 느낌을 받았죠.

북극 빙하나 남극 빙하도 다 녹으면 지금도 해수면 상승이 제법 관찰되는데, 나중엔 해수면이 60m 이상 올라간다고 해요. 그래서 벌써 바닷물 속으로 잠긴 섬나라들도 생기고 앞으로도 바닷가의 대도시들이 위험해질 거라 해요. 그런데도 우리나라 해안 도시들은 그것도 모르고 자꾸 바닷가에 아파트 단지만 지어 대고 있죠. 참 용감한 사람들입니다.

그러니까 지금이라도 서둘러 여러분 집을 산 위로 옮겨야 합니다. 적어도 해발 100미터 이상은 되어야 한다는 결론이죠. 오늘 이 강의에 안 오셨으면 큰일 날 뻔했죠? (웃음) 노아의 방주 같은 큰 배를 만들든가 해야 되겠죠? 비유적으로 말하면, 우리 사회 내지 지구 전체가 노아의 방주처럼 우리를 구하는 배가 되는 게 바람직하겠죠. 지구 자체를 구하자는 말은, 지구에서 살아가는 우리의 삶의 방식, 그리고 우리의 경제 구조, 이런 걸 바꾸자는 얘기죠.

이렇게 한쪽에서는 물난리가 나고 또 다른 곳에서는 산불이 난리죠. 호주에서 산불로 야생동물 수억 마리가 죽었고, 미국 캘리포니아도 연례행사처럼 산불이 나고 있죠. 아니면 몇 개월씩 가뭄이 들다가도, 사막에서 홍수가 나기도 합니다. 유엔 사무총장이 2023년 7월에 더 이상 '글로벌 워밍'(지구온난화)이 아니라, '글로벌 보일링'(지구열탕화)이라 말했죠. 보일러가 끓듯이 지구가 끓고 있다는 겁니다. 그러니까 지구온난화가 끝나긴 했는데, 좋은 쪽이 아니라 '열탕화', 즉 끓어오르는 쪽으로 악화하고 있는 셈이죠.

이런 기후위기 속에서 인간이 아닌 생명들도 엄청난 고통을 겪고 있죠. 알바트로스라는 엄청 크고 멀리 나는 새가 죽었는데, 뱃속에 인간이 만든 물질들이 가득 쌓여 있는 걸 크리스 조던(Chris Jordan)이란 미국 변호사가 우연히 발견해 유명해지기도 했죠. 옛날 농사짓고 살 때는 플라스틱은 없었죠. 자본주의 산업화와 공업화 이후에 엄청 쏟아져 나온 거죠. 이 물건들이 인간뿐만 아니라 동식물들에게도 고통을 주고 있는 겁니다.

공학을 이용해서 자연으로 돌아가지 못하는 신물질을 끊임없이 만들고, 그것들을 또 상품화해서 경제·경영의 학문을 써서 팔아먹고 돈벌이하는 시스템이 정착되다 보니까 생명과 자본의 모순 관계가 첨예하게 드러나는 겁니다.

가장 일상에 가까운 예로 약수터도 사라지고 있잖아요. 옛날에는 동네마다 약수터가 한두 군데씩 있었죠. 제가 하동으로 이사를 오고 어느 마을 약수터로 몇 번 물 뜨러 갔었는데, 거기서도 언젠가부터 대장균이 검출되었다는 거예요. '분변성 대장균'이니까 화장실이나 축사 같은 곳에서 흘러 들어간 거겠죠. 그래서 '식수 부적합' 판정을 받았더라고요. 이런 식으로 폐쇄되는 약수터가 많아지죠.

지금은 약수터가 없어지는 정도지만, 전 세계적으로 빙하가 녹고 해수면이 상승하면서, 더 이상 생존이 불가한 곳이 많이 생깁니다. 투발루나 몰디브 공화국 같은 곳은 당장 물에 잠겨서 큰일이라 하죠.

2023년 11월 말부터 아랍에미리트(UAE) 두바이에서 제28차 유엔기후변화협약 당사국총회(COP28)가 열렸지요. 거기서 기후변화를 연구하는 비영리단체인 '클라이밋 센트럴'(Climate Central)이 흥미로운 발표를 했어요. 전 세계 196개 도시가 해수면 상승에 따라 어떻게 변할지를 애니메이션 모델로 보여 준 것이죠. 온실가스 배출 제한을 잘 지켜 지구 온도 상승을 산업화 이전 대비 1.5도 이내로 제한하는 데 성공한다면 별문제가 없다고 해요. 그러나 만일 지구 온도가 3도까지 오르면 세상이 엉망이 된다는 결론이죠.

일례로, 두바이는 지구 온도가 3도 올랐을 때 도시 대부분에 물이 들어차고, 세계 최고층 빌딩인 부르즈 할리파 역시 건물 아랫부분이 물에 잠긴다고 하죠. 또, 일본 후쿠오카의 일반 주택은 지붕만 보이고, 영국 글래스고 거리엔 물이 가득 차 차도와 인도가 안 보이게 된다고 합니다. 심지어 쿠바 '올드 아바나'의 명소인 카레드랄(대성당) 광장은 아예 물에 잠겨 형체를 알아볼 수 없다고 합니다. 우리나라도 바닷가는 점점 위험해질 수도 있는데요. 노량에서 대도로 왔다 갔다 하는 배의 선장님이 그러는데, 확실히 예전보다 해수면이 높아진 걸 느낀다고 하세요.

이제 우리 후손들이 식량난과 홍수, 산불, 기후위기, 미세먼지, 수질오염 등… 이런 위험들 속에서 어떻게 숨 쉬고 살 수 있을지, 기본적인 생활을 누릴 수 있을지 걱정이 큽니다. 그래서 학자를 포함한 전문가들과 행정과 정치, 경제, 언론 등 모든 분야에서 매일 이야기를 해야 하는데, 그렇지 못한 실정이죠. 우리부터라도 더 많이 이야기를 해야겠다고 생각합니다.

지구온난화와 온실가스

결국 지금 기후위기와 관련해 직접적인 문제는 '온실가스'

로 인한 지구온난화라고 할 수 있죠. 대량으로 원료를 채굴하고, 상품을 생산, 유통, 소비, 폐기하는 과정에서 너무나 많은 온실가스가 발생하죠. 다른 한편으로 산림, 산지를 개발하는 가운데 이산화탄소를 흡수할 숲도 너무 많이 파괴했죠. 세상이 '도산'하는 길로 흘러가는 겁니다. 식민지를 개척해 사람들을 노예로 삼고, 돈과 권력을 사유화하는 것으로 자본주의가 시작해, 산업화와 도시화의 과정을 거쳐 지금 세계화 및 금융화 시대까지 와 있는데, 결국 기후위기는 자본주의의 마지막 단계를 보여 주는 징후가 아닌가 합니다.

물론, 자본주의에 와서 역사적인 성취를 이룬 부분도 있어요. 우리가 노예제나 신분제 사회로부터 자유롭게 된 점은 역사적 진전이라 볼 수 있죠. 또 소비의 대중화 내지 민주화로 누구나 편리한 물건을 많이 쓰게 된 것도 역사적 성취이긴 합니다. 그런데 기업들이 자유롭게 돈벌이를 할 수 있는 자유를 갖는 바람에 여러 문제가 생깁니다. 그렇게 무수히 만들고 팔면서 무한 이윤을 추구하는 그 과정이 결국 자가당착적인 결과를 부른 면이 있거든요.

성공의 원인이 실패의 원인이 되는 것을 '이카루스 역설'이라고도 해요. 그리스 신화에 나오는 이카루스는 밀랍으로 날개를 붙여 하늘을 날죠. 그런데 성공에 도취한 나머지 너무 태양 가까이 다가가다 밀납이 녹아서 마침내 추락해 버린 이야기죠. 적당히 날면서 감사하게 생각하고 내려오면 되는데, 신이 된 느낌으로 태양과 자신을 동일시하다가 비참한 최후를 맞았죠. 성공에 도취되어 망한 거죠. 이런 패망의 길을 지금 자본주의가 가고 있어요.

다시 온실가스 이야기로 돌아가면, '지구온난화'의 원리를 한번 보시죠. 일단 태양열 에너지가 지구로 들어와서 생물이 살기에 적당한 열과 빛을 주고 다시 지구 밖으로 나가야 하는데, 중간에 온실가스가 가로막고 있어서 남은 열이 나가지 못하고 갇힌 것이 '온실효과'죠.

사실, 지구는 태양 없인 존속이 불가능한데요, 태양이 내뿜는 열에너지 중 지구가 수용하는 게 22억분의 1 정도라 하죠. 적은 것 같지만 전혀 아닙니다. 불과 1시간 동안 지표에 닿는 태양 에너지는 전 인류가 1년 내내 쓰는 에너지양 정도라 해요. 엄청난 거죠. 그중에 약 30%가 우주로 반사되고 나머지 70%가 육지와 바다, 대기에 흡수된다 합니다. 그런데 그 30% 반사되는 것이 원활히 나가지 못해 지구가 온실처럼 된다는 거죠.

그래서 세계의 수많은 학자들이 모여서 '온실효과'의 원인을 찾았더니 여섯 가지 대표적인 '온실가스'가 나왔습니다. 이산화탄소, 메탄, 아산화질소, 수소불화탄소, 과불화탄소, 육불화황, 이렇게 여섯 가지죠. 수증기 같은 것들도 온실효과를 일으키지만 이건 자연현상으로 어쩔 수 없는 거라면, 6대 온실가스는 인간이 만든 거죠.

그중 이산화탄소가 전체 온실가스의 88%를 차지한다 합니다. 그래서 지구온난화라고 하면 주로 이산화탄소를 들먹이죠. 그럼, 이산화탄소는 주로 어디서 나올까요? 제가 자료를 찾아보니, 주로 열·에너지를 생산하는 발전소, 상품 생산 공정에서 대부분 나옵니다. 물론, 가정용 난방이나 요리할 때도 나오죠. 그러나 발전소나 공장에 비하면 소량입니다.

이산화탄소 외 다른 온실가스들은 그 비중이 낮긴 하지만, 온실효과지수는 이산화탄소보다 수십 배에서 수만 배까지 강하다 합니다. 메탄을 볼까요. 우리가 LNG(액화천연가스)라 하는 게 곧 메탄입니다. 이 가스는 LNG를 채굴하는 과정이나 LNG를 이용한 발전소 탓에 많이 나옵니다. LNG를 실어 나르는 중에도 배출된다 해요. 또 폐기물이 삭으면서도 나오고, 축산업의 가축들 방귀도 메탄이라 하죠. 물론 사람 방귀도 메탄가스라 해요. 사람이야 어쩔 수 없지만, 고기를 싸게 많이 먹기 위해 대량으로 축산업을 하는 건 바꾸면 좋겠어요.

또 석탄, 폐기물을 소각하거나, 냉장고, 스프레이, 반도체, 휴대폰, 컴퓨터 같은 것들을 폐기할 때도 온실가스가 많이 배출되죠. 그게 아산화질소, 수소불화탄소, 과불화탄소, 육불화황 같은 독성 온실가스랍니다. 어찌 보면 우리 생활을 편리하게 만드는 대부분의 상품들이 지구온난화 관점에서는 독성 가스들입니다. 플라스틱 제품은 원료부터 사용과 소각까지 완전 온실가스 투성이더라고요. 미국 환경단체 '비욘드 플라스틱'의 한 보고서가 얘기한 바 있죠.

이제는 이들 온실가스 배출원을 간단히 보겠습니다. 제가 여러 자료를 종합해 보니, 온실가스는 발전소, 제조업 공장, 차량 배기가스 등의 총합이 약 95% 정도 되는 것으로 추정되고요, 다음에 농업, 폐기장, 그리고 가정의 합이 5% 정도 된다고 봅니다. 그런데, 발전소, 제조업, 차량 등이 우리 일반 가정과 무관한 건 아니지요. 결국 생산과 소비가 연동되어 있으니까요. 그래서 1차적 책임은 발전소, 공장, 차량에 있지만, 2차적 책임은 가정(우리들의 일상생활)에도 있습니다. 결국, 어느 누구도 이 책임으로부터 자유로울 순 없습니다. 지구온난화 내지 지구열탕화 문제를 해결하는 데는 공동의 책임감이 중요하다는 말이지요.

대가속 시대, 무한 생산과 소비, 그리고 지구열탕화

이제 온실가스와 지구온난화의 실체를 좀 알았으니, 약간 거시적으로 살펴볼 필요도 있겠습니다. 말로 하는 것보다 그래프를 보면 좀 더 이해가 빠를 것 같습니다.

전 세계 국내총생산(경제성장)이라고 하는 지표가 산업혁명 이후 최근까지 어떻게 변해 왔는지를 맨 먼저 보고요. 다음으로, 그 과정에서 지구 자원 사용량이 어떻게 변해 왔는지를 봅니다. 그리고 그와 더불어 온실가스, 그중에서도 90% 가까이 되는 이산화탄소가 얼마나 많이 배출되어 왔는지를 보여 주는 그래프도 보겠습니다. 이 그래프들과 지구 온도 변화 그래프를 비교해 보면 현재 우리의 상태를 일목요연하게 볼 수 있겠네요.

첫째, 경제성장 추이를 나타내 주는 전 세계 국내총생산(GDP) 그래프부터 보시죠. X축부터 보시면 출발점이 영국에서 1780년대 이래 산업혁명이 한창 진행 중이던 1820년부터 시작합니다. 그래서 쭉 가다가 서기 1900년, 1950년, 2000년을 거쳐 지금까지 이어져 온 거죠.

Y축은 전 세계의 국내총생산의 총합을 보여 줍니다. 어떻습니까? X축을 따라가 보면 서기 1850년까지도 국내총

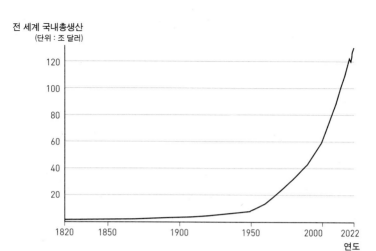

전 세계 국내총생산
(단위 : 조 달러)

[도표 5] 전 세계 국내총생산 추이 변화

생산이 별로 높아지지 않았어요. 거의 바닥을 기고 있지요? 물론 미세하게는 약간씩 오르죠. 지금처럼 1인당 국민소득이 몇만 불이 되고 이런 거는 최근 몇십 년 사이입니다. 길게 봐도 1780년대가 산업혁명 시작 시기이고 그 뒤로 2차 세계대전 직후인 1950년경까지도 예전보다 크게 높이 오른 것도 아니죠. 지금에 비하면 아무것도 아닙니다. 이런 그래프는 그냥 나온 게 아니라 실질적 자료에 근거한 거니까 믿을 수 있죠. 요컨대, 최근 100년 사이, 좀더 좁히면 최근 30~50년 사이에 경제의 규모가 커지고 우리가 잘살게 되었다는 얘깁니다. 물론 나라마다 격차도 있고 사람마다 다르긴 하지만, 지구 전체적으로 그렇다는 얘깁니다.

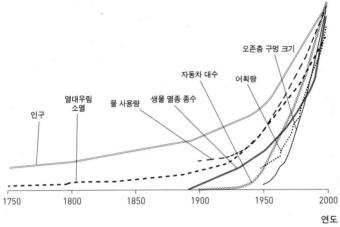

인구

열대우림
소멸

물 사용량

생물 멸종 종수

자동차 대수

어획량

오존층 구멍 크기

| 1750 | 1800 | 1850 | 1900 | 1950 | 2000 |

연도

[도표 6] 지구 자원 사용량 추이

둘째, 다음으로 지구 자원 사용량을 보실까요? 우선 열대우림이 사라진 속도나 생물 멸종 속도 그래프를 보시면 1900년 무렵까지는 바닥 수준이었지만 그 이후로 점차 우상향이죠. 현재로 올수록 급격히 올라가는 걸 볼 수 있네요. 흥미롭게도 생물 멸종 그래프와 자동차 사용량이 비슷하게 올라가고 있습니다. 오존층 구멍 크기, 어획량, 그리고 물 사용량 같은 것도 특히 1950년 무렵 이후 급상승함을 알 수 있어요. 한마디로, 2차 세계대전 이후 '대가속화' 현상이 실증적으로도 증명이 된다고 보시면 됩니다.

원래 '대가속 시대'란 2차 세계대전 이후 경제활동이 급

성장하며 환경 부하가 비약적으로 늘어난 시기를 말합니다. 특히 1950년대는 대량생산과 대량소비가 맞물리면서 자본주의가 비약적으로 성장하죠. 플라스틱도 많이 나오고 석유에서 가공한 합성섬유도 많이 나오기 시작했죠. 비교적 가난한 이들도 전화, 라디오, 텔레비전을 즐기게 되었고요. 갈수록 공장식 축산도 늘면서 닭, 돼지, 소 등이 대량으로 사육·도살되고, 육고기의 대량소비 시대가 열렸죠. 이 모든 걸 가능하게 한 것이 발전소에서 생산한 전기고요. 일부 학자들은 이 시기를 '인류세'라 하기도 하는데, 저는 오히려 '자본세'가 더 정확하다고 봅니다. 여하간, 우리가 살아온 이 세월들이 (길어도 수백 년, 짧으면 수십 년 동안) 인류 내지 자본이 지구에 엄청난 폐를 끼친 시기가 아닌가 합니다. 따지고 보면, 18세기 산업혁명만 해도 지금의 상황에 견주면 매우 '소박했던' 시기가 아닌가 합니다. 오늘날 우리는 어느 면으로 보나 거의 '지구위험한계선'에 이르렀기 때문이지요.

셋째, 이산화탄소로 상징되는 온실가스 배출량을 보면 우리가 얼마나 어리석게 살아왔는지 알 수 있습니다. 찰스 킬링(Charles Keeling)이란 학자가 1958년부터 하와이 마우나로아산 중턱 4천 2백 미터 지점에서 대기 중 이산화탄소 농도를 측정해 왔습니다. 당시 315ppm이 나왔다 합니다.

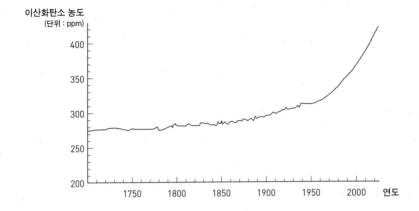

이산화탄소 농도
(단위 : ppm)

[도표 7] 이산화탄소 농도 추이

ppm은 백만 알갱이 중 몇 알갱이인지를 측정한 단위죠.

그런데 매우 흥미롭게도 산업혁명 이전에 이산화탄소 농도가 280ppm이었다 하는데 그게 1937년경에도 크게 높아지지 않았다고 해요. 그러던 것이 2차 세계대전 뒤에 '대가속 시대'로 진입하면서 1958년에는 35ppm이나 많아진 315ppm이 됩니다. 1989년이 되면 350ppm까지 올라가고요. 사실, 지구과학자들은 350ppm을 온실가스의 '지구위험한계선'이라 불러요. 그 이상 넘어가면 '큰일'이란 뜻이지요. 당장 우리가 죽는 건 아니지만, 지구 생태계에 큰 문제가 생긴다는 얘깁니다. 사실, 지난 여름도 전례 없이 더웠지요. 온

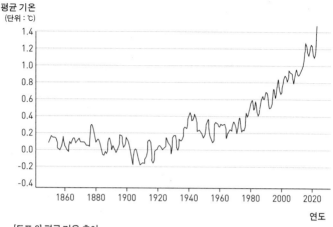

평균 기온
(단위 : ℃)

[도표 8] 평균 기온 추이

실효과가 갈수록 심해져 '찜통 지구'가 된다는 말이 결코 과장이 아니란 말이죠.

이 이산화탄소 농도가 2013년이 되면 400ppm을 돌파하고요. 2019년엔 408ppm, 그리고 2023년엔 423ppm까지 올라갔습니다. 이쯤 되면, 이미 우리는 '피난'을 가야 하는 게 아닌지 모릅니다. 아니면, 이산화탄소 농도를 대대적으로 줄이기 위해 '죽기 아니면 살기'로 발벗고 나서야지요.

넷째, 지구의 평균 기온 변화도 그래프로 추적해 볼까요? 그래프엔 1850년경부터 나오는데 흥미롭게도 1900년 무렵까지 지구 평균 온도가 올라가기는커녕 오히려 소빙하기 같은 시절도 제법 많이 보이네요. 그러던 것이 1950년대를 지나면서부터 갈수록 올라가기 시작합니다. 1980년대 이후로는 더 급격하게 올라가고요. 그동안 우리가 피부로 느껴 온 바와 같이 그 정도로 지구가 뜨거워지고 있다는 이야깁니다.

이제 그래프 네 가지를 압축적으로 요약하면, 지난 수백년 동안만 보더라도 우리 인류가 지금처럼 잘살게 되는 것은 지난 100년 내지 50년 사이인데, 그 시기에 자원 사용량도 급격히 늘었고 이산화탄소와 같은 온실가스 배출량도 급상승했다는 거죠. 바로 그 결과가 지구온난화 내지 지구열탕화까지 낳게 되었다, 이렇게 말씀드릴 수 있습니다.

기후위기와 '정의로운 전환' 문제

그런데 인류가 경제성장을 하는 과정에서 온실가스를 이렇게 많이 배출해 결국 스스로 살기 힘든 세상을 만들었다고 해서, 또 우리 모두 공동의 책임감을 가져야 한다고 해서 이 사태를 두루뭉술하게 넘어갈 순 없습니다. 일단은 주범과 종범을 좀 가릴 필요가 있겠죠. 더구나 기후위기를 초래한 나라나 집단이 따로 있고 그 피해를 '오지게' 뒤집어쓰는 나라나 집단이 따로 있다면 이것은 지구 차원의 사회 정의에도 맞지 않으니까요.

가장 먼저 저는 자본주의가 주범이고 자본주의를 추종하는 우리들이 종범 또는 공범이다라고 말씀을 드리고 싶습니다. 좀 억울하다고 생각하실 수도 있지만, 결국 우리가 상품을 대량생산, 대량소비하는 데 적극 협조하니까 자본주의도 큰 어려움 없이 지탱되는 것이니, 자본주의만 욕할 게 아니란 말씀입니다. 본의 아니게 우리 역시 공범이 되어 버렸네요. 물론 주범은 자본주의를 이끌어 가는 이들이지만요.

다음으로, 온실가스 배출국 순서를 따져 봐야 합니다. 총량으로도 보고 1인당 배출량으로도 봐야겠지요. 우선 총량 기준으로는 중국, 미국, 인도, 러시아, 일본 순으로 온실가스가 많이 나온다 합니다. 한국은 9위입니다. 좀 더 최근 통계로는 '식민지 수탈'을 고려한 온실가스 배출 총량 순이 미국, 중국, 러시아, 영국, 브라질 등으로 나오더라고요. 해마다 순서는 조금씩 다를 수 있지만 큰 추세가 그렇다고 보시면 됩니다.

그런데 중국이나 인도가 워낙 인구가 많으니 좀 억울할 수 있어요. 그래서 1인당 이산화탄소 배출량을 보면, 사우디

아라비아, 미국, 캐나다, 한국, 러시아, 일본 순으로 나옵니다. 중국과 인도는 그 뒤로 밀리더라고요. 여기서 한국이 1인당 배출량에서 세계 4위란 점을 기억해야겠네요.

결국, 앞서도 짧게 말씀드렸지만, 세계 20대 선진국(?)들이 온실가스 배출량의 80%를 차지한다는 말이 결코 거짓이 아님을 알게 되고요. 거꾸로 말하면, 200여 나라 중 경제력 상위권 10% 나라들이 온실가스 80%를 배출하니, 지구적 차원에서 주범이라 할 수 있습니다. 북미와 유럽, 그리고 동북아시아 3국(한, 중, 일)이 주범 축에 들겠네요. 그리고 그 피해는 아프리카, 동남아시아, 라틴아메리카 등지에서 고스란히 보고 있다고 보면 됩니다.

물론, 이렇게 나라별이나 대륙별로 보면 사각지대가 생깁니다. 선진국 중에서도 가난한 사람들, 후진국 중에서도 부자들은 자원 사용량이나 온실가스 배출 기여도 차원에서 '역전' 현상이 나타나거든요. 즉, 선진국의 가난한 사람들은 온실가스 배출이 아주 적습니다. 반면, 가난한 나라라 해도 부자들은 아주 펑펑 쏟아내고 있죠. 그래서 전 세계 인구의 소득 분위별 온실가스 배출량을 보면, 상위 10% 계층이 소비 기반 온실가스 배출의 50% 정도를 차지한다고 합니다. 반면, 하위 50% 사람들은 온실가스 배출의 10%밖에 차지하지 않아요.

자, 이런 객관적 통계를 우리가 진지하게 수용한다면, 전 세계 차원에서 '정의로운 전환'이란 과연 어떤 모습을 그려야 할까요? 제 생각엔 아래와 같은 기준이 필요할 듯합니다.

첫째, 부국들(예, G20 내지 G50)이 대대적으로 '기후 전환 기금'을 조성하고 혁신 기술을 지원해서, 하루에 5달러도 못 쓰는 가난한 나라 빈민들의 기본 생계를 향상시키면서도, 경제와 생태를 조화시키는 생태적 경제가 가능하도록 새로운 삶의 모델(탈脫자본, 진進생명)을 앞장서서 만들어 가야 합니다. 기후위기나 기후재앙 앞에서는 자본주의도 공산주의도 버려야 해요. 즉, 생태민주주의가 인류의 구명보트입니다.

둘째, 각 나라 안에서도 같은 원리로 '정의로운 전환 기금'을 조성하고 혁신 기술을 동원해서, 극빈층의 삶을 향상시키면서도 나라 전체적으로 생태적 경제를 만들어 가야 합니다. 정당별로 권력 쟁투는 그만두고 모두가 함께 생존하는 길을 모색하는 것이 급선무입니다.

셋째, 그러기 위해서라도 대량생산-대량유통-대량소비-대량폐기의 낡은 시스템을 버리고 이제는 적정생산-적정분배-적정생활-적정순환의 새 시스템을 구축해야 합니다. 앞서 말씀드린 '탈(脫)자본, 진(進)생명'의 철학을 민주적으로 구축하는 것이 새로운 과제가 되어야 합니다.

넷째, 이를 위해 초등학교부터 대학교에 이르기까지 모든 교육기관들이 '정의로운 전환'에 관련된 개념과 이행경로 같은 것을 공부하고 토론하며 더 나은 실천 방안들을 제시하는 것이 좋겠습니다. 교육과 더불어 언론 역시 날마다 인류의 공동 생존에 관한 다큐와 토론을 많이 제공하는 것이 필요하겠지요. 그렇게 해서 정치경제 엘리트들도 정의로운 전환에 앞장서도록 만들어야 합니다.

만일 우리들이 이런 아이디어에 진심으로 공감하고 대대적으로 '정의로운 전환'에 나선다면 인류에겐 희망이 생길 수 있습니다. 그러나 만일 그저 하던 대로 계속 간다면 인류의 미래는 정말 어둡습니다. 아직 이런 얘기를 할 수 있다는 것만 해도 우리는 매우 여유롭다고 생각합니다. 하지만 (기후위기나 6차 대멸종, 아니면 새로운 전쟁 등) 일단 대파국이 시작되면 그때는 아무리 후회하고 방향을 돌리려 해도 이미 늦을 것입니다. 제발, 마지막 순간에 가서야 '나 살려라!' 하고 아우성치는 일만큼은 피했으면 좋겠습니다. 우리가 진정 '호모 사피엔스' 즉, 지혜로운 인간이라면 말입니다.

보다 실천적인 대안을 위하여

그래서 이제 대안적 시스템을 논해야 하는데요. 자본주의를 넘어서야 된다면 다음에는 어떤 세상이 되어야 하는지가 정해져 있지는 않죠. 하지만 다양한 아이디어가 나오고 있는데요. 저는 '생태민주주의'를 이야기합니다.

일본의 사이토 고헤이라는 학자는 '탈성장 코뮤니즘'이라는 개념을 말하기도 합니다. 독일의 마리아 미스나 인도의 반다나 시바(Vandana Shiva) 같은 분들은 '에코페미니즘', 특히 '자급의 관점'을 대안으로 제시하지요. 또, 머리 북친은 꽤 오래전에 '사회생태주의'를 이야기하기도 합니다. 동독 출신의 루돌프 바로(Rudolf Bahro)도 비슷했고요. 또 약간 결은 다르지만 제임스 오코너(James O'connor), 존 벨러미 포스터(John Bellamy Foster), 제이슨 무어(Jason W. Moore) 등이 '생태사회주의'를 제안하기도 하고요. 앙드레 고르 역시 '정치적 생태주의'를 주창하기도 했죠. 제가 생태민주주의를 제안하게 된 데는 아무래도 에코페미니즘과 김종철 선생님이 『녹색평론』을 통해 내내 강조하신 풀뿌리 민주주의의 영향이 가장 크다고 봅니다.

이런 다양한 대안적 아이디어들이 있는데, 이 모든 제안들의 기저를 꿰뚫고 있는 원리를 경제적 측면에서 보면, 결국 책임성의 경제, 순환성의 경제, 선물의 경제, 우애와 환대의 경제, 다양성의 경제라는 말들로 정리를 할 수가 있을 것 같아요. 그래서 생태민주주의를 이루는 데 있어서도 역시 다양성, 호혜성, 순환성, 책임성이 키워드라 봅니다.

제가 하동에 이사한 지 얼마 안 돼서 'LNG 발전소' 관련 토론회(공청회)를 할 때 토론자의 일원으로 '책임성 경제'를 말한 적이 있지요. 석탄 발전에 비하면 LNG 발전이 겉보기에 깨끗하게 보이지만 착각이죠. 둘 다 화석연료라 탄소 배출은 마찬가지고, LNG는 사실 메탄가스인데, 석탄 발전에 비해 LNG 발전이 이산화탄소는 좀(30%) 적게 배출하지만, 이산화탄소보다 80배나 더 독한(온실효과가 강한) LNG가 채굴과정과 운반과정에서 나오기에 지구 전체적으로 더 큰 문제다, 라는 얘기를 했습니다. 즉, 사람과 지구를 모두 살려야 하는 '책임성' 관점에서 보면 LNG 발전 역시 석탄과 마찬가지로 무책임한 경제라는 얘기를 한 거지요.

'순환성의 경제'는 '밥이 똥이 되고 똥이 밥이 되는' 또는 빗물이 지하수로 가고 만물을 살리고 또 증발되어 구름이 되었다가 다시 비로 내리는 것과 같은 경제를 말하죠. 그리고 호혜성 내지 선물의 경제는 상품이나 화폐로 돌아가는 경제가 아닌, 서로 선물과 우정을 나누는 경제를 말하죠. 한편, 돈의 경제는 획일적이잖아요. 모든 개성을 다 죽이더라도 돈만 많이 벌면 최고가 되는 것이 획일성의 경제인데, 이와 달리 다양한 재주와 개성이 살아 있는 다양성의 경제를 만드는 것이 바람직하다는 겁니다.

결론은 어떤 시스템이든 사람이 만드는 것이고, 어떤 관계를 형성하느냐가 핵심이기 때문에, 우리가 사람과 사람, 사람과 자연 사이에 전혀 다른 관계를 맺는다면 얼마든지 대안적인 삶을 살아갈 수 있다는 겁니다. 게다가 혹시 우리가 멸망을 하더라도 그 순간까지 이런 관점으로 노력을 해야 된다는 거고요. 그래야 우리에게 배운 후손들이 조금이라도 살아남아 그 뒤를 이어 갈 것이니까요.

한편, 자본주의를 맹신하거나 자본주의 외에는 대안이 없다고 생각하는 사람들에게는 춘하추동과 생로병사의 원리, 우주만물의 법칙을 보시라 해야죠. 아무리 까불고 떠들어도 세월이 가면 다 늙어 죽고 또 봄이 오면 여름이 오고 여름이 오면 가을이 오고 가을이 오면 겨울이 오죠. 또 겨울이 왔다고 해서 세상이 끝나는 게 아니고 다시 봄이 옵니다.

그러니까 자본주의도 춘하추동, 생로병사의 법칙에 따라 태어나고 발전해서 지금은 쇠락하는 단계라고 할 수 있고요. 마지막 종말의 시간이 다가오고 있으니, 지금 우리는 자본주의가 역사적으로 진보한 면이 있다면, 그것을 적극 이어받아 다음 단계로 넘어갈 준비를 해야 한다는 것이 저의 관점입니다.

그럴 때 누구는 덕을 보고 누구는 피해를 보는 것이 아니라 골고루 같이 헤쳐 나가자고 하는 거고요. 앞서 말한 '정의로운 전환' 역시 이런 차원에서도 봐야지요. 이를 위해서 앞서 말씀드린 이분법적 차원이 아니라 다양한 사고방식과 실천들이 필요하다고 생각합니다.

그런데 이런 대안을 마련한다고 할 때, 한 가지 주의할 점이 있습니다. 그것은 '녹색'이라는 이름으로 세탁을 하는 것인데요. '그린 워싱'(green washing)이라고도 하죠. 이건, 녹색 이름을 쓰긴 하는데, 진정으로 생태적인 방향으로 하는 게 아니라 사실상 속임수를 부리는 것이죠. 일례로, 기후위기를 극복한답시고 '스마트팜'을 내세웠지만 알고 보면 신상품에 불과해요. 실속은 없으면서 걸모양만 그럴듯한 거지요. 또, 축산업이 생산한 육고기 대신에 '실험실 고기'를 만들어 팔아먹으려 하지만, 이것도 문제가 있습니다. 실은 인공고기를 만드느라 에너지를 더 많이 쓰는 거지요. 이런 식의 가짜 대안에 조심해야 해요. '그린 뉴딜'도 마찬가집니다.

원래 뉴딜은 1930년대 대공황기의 미국에서 나온 건데, 그린 뉴딜은 기후위기 시대를 극복하기 위한 대안으로 나왔어요. 그러나 실제로는 디지털 기술로 신산업을 육성해서 새로운 돈벌이를 하자는 겁니다.

진짜 대안은 사람과 사람, 사람과 자연의 관계를 회복하는 것에 있어요. 복잡한 얘기가 필요하지만 결론만 말하면, "조금 먹고 조금 싸자!"가 답입니다. 좀 멋지게 표현하면, 적정생산-적정분배-적정생활-적정순환이 가능한 시스템을 구축하자는 것이고요. 이런 방향으로 가야 옳지 기술공학적으로 지금보다 더 많이 먹고 마시겠다고 하면 안 된다는 거죠. 저는 아직 보진 못했는데, 「지배종」이라는 10부작 드라마에 고기를 화학적으로 배양하는 기업 이야기가 나온다 해요. 자본주의는 상품과 화폐 관계가 본질적 문제이기 때문에 이런 인공고기도 결국 신상품을 만들어 새 방식으로 돈벌이를 하겠다는 것이라 일종의 '그린 워싱'이죠.

이런 맥락에서 보면, 바이오 농업, 스마트 농업, 그린 뉴딜, ESG(환경, 사회, 협치) 경영, 또 SDGs(Sustainable Development Goals), RE100(재생에너지 100%) 등 다양한 제안이 나오는데, 물론 이런 것들 중 대안적인 삶을 위해 유용한 것이 있을 수 있지만, 자본주의의 구조적인 모순, 즉 상품을 대량으로 만들어 소비함으로써 이윤을 획득한다는 근본 원리를 바꾸지 않으면 모두 '그린 워싱'에 불과함을 알아야 해요. 기후위기는 탄소중립 문제만도 아니고, 재생에너지 문제만도 아니거든요.

단순히 에너지만 재생가능 에너지로 바꾸어 '상품을 많이 만들어 돈 벌면 괜찮지 않냐?'라고 하는데, 저는 '안 괜찮다!'는 거예요. 그리고 '지속 가능한 성장'이라는 말도 많이 쓰는데, 세부적으로 뜯어 보면, 관계라는 맥락 속에서 지속 가능성을 이야기하는 것이 아니고, 결국 경제성장이나 자본 축적이 지속 가능하도록 만들려는 목표로 움직이는 게 문제죠. 좀 색다른 방식으로 돈벌이를 하자는 수준이죠. 그런 면에서 가짜 대안이라고 봅니다.

그래서 이젠 이론적인 결론 말고 좀 실천적인 결론을 정리해 보겠습니다.

첫째, 각 지역마다 참여연대나 기후시민회의, 기후행동 같은 운동 내지 모임이 있는데, 이런 곳들에서 집단지성으로 지혜를 짜내 일단 '청소년 기후학교' 같은 프로그램을 해 보면 어떨까 합니다. 청소년 기후학교에선 세 가지의 '생태감수성'을 새롭게 일구고 또 체계적인 공부도 하면서 자본주의가 가진 문제를 제대로 살피고 결국 '생태민주주의' 방향으로 사회를 바꾸자는 생각을 공유하면 좋겠습니다.

둘째, 청소년 기후학교가 어느 정도 되면, 어른들을 위해서도 '시민 기후학교'를 다양하게 펼쳐 보면 어떨까 합니다. 여기서는 보다 실질적으로 의식주와 같은 일상의 문제를 기후위기 시대에 걸맞게 새로운 형태로 해결하는 방법을 공유하는 것이지요. 또, 생태적인 실천의 다양한 예들을 직접 보기 위해 견학을 갈 수도 있고요. 알고 보면 전국 곳곳에 건강한 실천가나 공동체들이 많습니다. 모두 살아 있는 스승들이지요.

셋째, 직장마다 존재하는 노동조합들, 그리고 지역 차원의 상위 노조(산별, 업종별, 지역별) 역시 '기후위기와 정의로운 전환' 같은 학습 및 토론 프로그램을 운영하면 좋겠습니다. 그런 깨우침의 과정을 통해 직장마다 생산과정에서 배출되는 온실가스 문제에 대한 인식도 제대로 하고, 보다 큰 차원에서 산업 전환이나 경제 전환의 문제도 논하면서 '정의로운 전환'을 가능하게 하기 위한 조건들도 진지하게 논의하면 좋겠습니다. 그런 힘이 커지면 나중엔 국회 차원에서 노동조합과 국회의원들이 합동 토론을 통해 법제나 정책으로 그런 전환을 촉진할 수 있는 방안을 만들어 보는 것도 좋겠습니다.

여하간 이 갈수록 심각해지는 기후위기 문제에 대해 우리가 긴장의 끈을 놓지 말고 부지런히 실천적 대안을 함께 만들어 가면 좋겠습니다. 다시 한 번 강조하지만, 아직 우리가 이런 이야기를 나눌 수 있는 것 자체가 참 행복한 시간입니다. 그래서 막판에 '나 살려 주오!'라며 아우성치기보다 시간이 있을 때 서둘러서 함께 살아날 방법, 그것도 제대로 지속 가능한 방법을 우리가 찾아내야 합니다. 개인적으로나 사회적으로 올바른 방법을 부단히 모색하고 실험하는 태도가 필요합니다.

끝으로, 아무리 세상이 어둡다 해도, 또 내일 지구가 망한다 해도, 오늘 사과나무 한 그루 심는 마음으로 뚜벅뚜벅 걸어가면 좋겠습니다. 고 신영복 선생님께서 '험한 길도 함께 가면 즐거워라'라는 말씀을 하셨지요. 우리 곁에 함께 걸을 사람이 있다는 것만 해도 든든합니다.

4강

다양한 대안 이론들

오늘은 네번째 강의로 그동안 '기후위기와 자본주의'의 관련성을 보여 주거나 대안적인 아이디어를 제시한 이론가들과 그들이 쓴 책의 내용을 제 역량이 닿는 한 요약해서 소개해 드리려 합니다. 12명의 학자를 중심으로 다루면서 이들의 이론적인 아이디어 속에 들어 있는 구조적인 변화나 우리가 선택할 수 있는 실천적 지침에 대한 생각들을 살펴보겠습니다.

닥쳐온 위기

본격적인 이야기에 들어가기 전에 앞서 다룬 내용들을 짧게 복습을 해볼까 합니다. 지금 우리가 이야기하고 있는 기본

주제는 '자본주의와 생태주의'죠. 지금 인류의 생존을 위협하는 기후위기가 우리 삶의 방식이나 그것을 포함하는 경제 구조 전반과 연결되어 있다고 말씀을 드렸죠.

대량으로 생산, 유통, 소비, 폐기하는 전반적인 과정이 온실가스를 만들어 낼 수밖에 없는 상황이라는 거죠. 이건 자본주의 구조가 아니면 설명이 되지 않습니다. 예를 들어 우리나라 역시 50~60년 전만 해도 기후위기 개념이 없었죠. 전 세계적으로도 기후위기 개념이 나온 건 불과 20~30년 정도밖에 안 됩니다.

1997년에 교토의정서가 채택되었고 2015년에 파리기후협약이 나왔죠. 그것도 과학자나 전문가들 사이에서의 일이고, 대중적으로 기후위기가 널리 공론화한 것은 10년 안팎이죠. 이제는 산업혁명 이전에 비해 지구 온도를 1.5도 이상 오르게 하면 절대 안 된다는 인식만큼은 널리 공유되었습니다. 그런데 과연 정치경제 기득권층이 실천을 하느냐, 하는 문제가 남았죠.

기후위기를 초래한 직접적 원인은 온실가스지만, 이걸 대량으로 지속해서 배출하는 건 결국 돈 놓고 돈 먹는 자본주의임이 분명해졌죠. 그런데 이 구조 안에서 사람들이 노동력을 제공하고 임금을 받아 상품을 산 뒤 소비하는 패턴이 맞물립니다. 즉, 자본의 축과 사람의 축이 함께 톱니바퀴처럼 맞물려 돌아가는 구조가 계속되는 한, 온실가스는 줄어들 수가 없고 기후위기 역시 막을 수 없다는 진단이 나옵니다.

한편, 우리 인간이 살아가는 데 필요한 가치를 세 가지로 압축하면 경제 가치, 사회 가치, 생명 가치로 나눌 수 있습니다. 경제 가치는 우리가 아는 상품, 화폐, 자본 이런 걸로 표현되는 거죠. 사회 가치는 따뜻한 인간관계, 우애와 공동체를 중시하는 가치입니다. 끝으로 생명 가치는 자연이 만물을 살린다는 면에서 생명의 가치인데 물과 공기, 산, 강 모든 게 다 포함되죠. 근데 이런 가치들이 서로 균형과 조화를 이루고 서로 순환하면서 다양하게 공존해야 하는데, 자본주의 산업화는 다른 가치들을 모두 경제 가치로 바꿔 버립니다.

예를 들면, 부모와 자녀가 따뜻한 정을 나누면서 살아야하는데 부모가 돈 벌러 가다 보니 애들이 방치되죠. 애들 교육 역시 인간성을 함양한 인격체로 키우는 게 아니라 노동력으로 키우죠. 아이를 볼 때 공부 잘하니까, 성공하고 출세해서 돈 많이 벌겠네, 이런 관점에서 접근하는 거죠. 자연도 마찬가집니다. 자연은 늘 개발의 대상일 뿐이죠. 물도 '수자원'이 되고, 숲도 '수목자원'이 됩니다. 파헤칠 수 있는 것은 다 파헤치고 국립공원도 산악 열차나 케이블카를 만들어 돈 벌이 터전으로 만들고 싶어 하죠. 이렇게 모든 걸 경제 가치로 환원시키다 보니까 파괴성이 강화됩니다. 그런 파괴성이 종점에 온 것이 현재의 기후위기입니다.

한편, 그런 식으로 달리다 보니, 나라 살림살이도 문제가 많죠. 적자는 심해지고 부채는 산더미가 되죠. 우리가 가정을 경영할 때에도 살림살이를 잘한다는 건 '빚 없이' 사는 거 아닐까요? 그런데 지금 나라 전체를 보면 완전히 빚더미예요. 갓난아기까지 1억 원 넘는 빚을 지고 있어요. 우리나라 가계, 기업, 국가의 부채를 다 합치면 GDP의 2.6배라는 말씀을 드렸죠. 그 금액도 계속 올라갑니다. '빚내서 집 사라'고 부추기는 논리로 인기를 얻어서 권력을 잡고, 그렇게 권력을 잡고는 수백 조에 이르는 예산을 어떻게 하면 빼먹을까를 놓고 싸우는 것이 정치처럼 돼 버렸어요. 정말 큰일입니다.

객관적인 지표들이 위기를 드러내는데, 정치가나 관료들이 사회적 책임감이 없이 자기 이익에만 몰두하고 있어요. 이렇게 돈의 관점에서 보더라도 빚더미인, 모든 걸 경제 가치로 환원하는 이 메커니즘은 경제적으로도 망할 징조일 뿐만 아니라, 기후위기로 상징되듯 인류의 존립을 위협하고 있는 사태입니다.

하지만 한국 정부는, 다른 나라는 GDP 대비 부채 비율이 300%, 500% 넘는 나라도 있다며 '괜찮다'고 하는데, 정말 이런 자세가 문제입니다. 그 와중에 빚도 늘고 기후위기도 심각해지고 있어요. 이런 내용들을 지금까지 살폈고, 이제 본격적으로 다양한 대안적 이론들을 하나씩 보겠습니다.

이론들의 세 가지 흐름

기후위기에 대한 대응과 관련해 이론의 흐름을 크게 세 그룹으로 나눌 수 있습니다. 첫째는 지속적 경제성장을 하면서도 기술혁신이나 관리혁신으로 기후위기를 해결할 수 있다고 보는 흐름입니다. 둘째는, 경제성장보다 분배 개선과 불평등 완화를 통해 기후위기를 어느 정도 완화하자는 흐름이죠. 그리고 셋째는, 완전히 다른 접근법으로, 아예 기후위기의 원인 자체를 제거하자는 흐름입니다.

첫째 그룹이 여전히 지배적인 패러다임이고 보수당일수록 여기에 매달리죠. 그런데 민주당조차 경제성장에 대한 믿음은 변함이 없어요. 다만 민주당은 좀 투명하고 공정하게 분배하자는 데 방점을 둔다면 보수당이나 극우당일수록 경제성장에만 치중하죠. 그러면서 기후위기도 시장주의나 기술주의, 관리주의로 해결할 수 있다고 봅니다. 시장주의는 예컨대 탄소거래제나 탄소세 같은 걸로 기후위기를 해결할 수 있다는 겁니다. 조금은 도움이 될지 몰라도 전혀 답은 아니죠. 기술주의도 마찬가집니다. 일례로, 탄소 포집 기술로 탄수를 흡수해 재활용하면 된다고 하지만, 탄소 배출을 줄이지 않겠다는 것밖에 되지 않습니다. 탄소 흡수 기술 역시 탄소를 배출하죠. 결국은 신상품만 팔고 끝나는 겁니다. 관리주의는 그린 뉴딜이나 ESG, SDGs, RE100 등의 새 개념으로 관리나 통제를 새롭게 하면 기후위기 문제를 해소할 수 있다는 건데, 앞서도 말씀드렸지만 약간의 효과는 있겠으나 크게 보면 '그린 워싱'입니다. 실질적 효과는 없다는 말씀이죠. 결국, 이런 입장 모두가 새로운 방식으로 경제성장을 계속 하자는 입장인데, 저는 이런 태도를 '(경제)성장 중독증'이라 부릅니다. 성장 중독에 빠지면, 수단과 방법을 가리지 않고 오로지 경제성장에만 목을 매지요. 실은 자본의 입장이 곧 무한 성장입니다. 민주당은 이걸 알아차려야 보수우익의 전철을 밟지 않을 텐데 좀 걱정이긴 합니다.

둘째 흐름은, 분배를 개선하고 불평등을 완화해 기후위기 완화의 가능성을 열자는 입장입니다. 물론, 분배 개선이나 불평등 완화는 사회 정의 차원에서도 필요한 일이긴 합니다. 그런데 이것만으로는 기후위기가 완화되거나 해소되진 않죠. 오히려 분배 개선을 위해서라도 더 많은 경제성장이 필요하다는 주장이 목소리를 높이기 쉽지요. 더 많이 성장해야 더 많이 나눌 수 있다는, 뻔한 논리지요. 결국은 이역시 경제성장 중독증으로부터 벗어나기 힘듭니다.

이전 시간에 저는 지구적인 차원에서 '정의로운 전환'을 위해 부자 나라가 '기후 기금' 같은 걸 만들어 가난한 나라를 도와주자, 이런 제안도 했습니다만, 그 제안은 부자 나라가 재정적으로나 기술적으로 어려운 나라를 도우면서도 스스로 '생태 경제'를 실천하는 모범을 보임으로써 가난한 나라도 그런 모델을 본받고 따라하도록 하자는 것입니다. 단순히 더 많은 성장을 통해 분배를 개선하자는 얘기와는 다른 것이거든요.

그래서 셋째 흐름이 중요한데요. 이 흐름은 '완전히 다른 접근법으로 가보자', '이제는 성장 중독증에서 빠져나와, 아예 기후위기의 원인 자체를 제거하자'는 입장입니다. 한마디로, 탈성장하자, 그리고 생태민주주의를 만들어 '조금 먹고 조금 싸면서도 오래오래 함께 살아 보자!' 이런 이야깁니다.

물론, 말로는 쉽지만 이 거대한 자본주의 구조를 어떻게 바꿀 것이며, 일부 이론가나 활동가들이 노력한다고 바뀔까, 이런 의구심도 많습니다. 저 역시 공감하고 이해합니다. 그래서 탈자본을 통한 기후위기 극복 방안에 대해 저 역시 굉장히 비관적으로 보고 있습니다. 저도 솔직히 말하라 그러면 '비관적'입니다. 인류의 미래가 말이죠. 그래서 지금 기후위기 같은 사태가 소위 '평화적으로' 극복될 수는 없을 것 같아요. 쉽게 말해, '코로나19' 사태보다 더한 수준의 위기가 닥치면 조금 변할지 모르겠어요. 아직도 기후위기에 대해선 예사로 생각하는 분들이 많거든요.

그러나 앞서도 말씀드렸듯이, 우리는 호모 사피엔스로서 지혜로운 인간이라는데, 진짜 지혜롭다면, 아직 살아 있을 때, 아직 여유가 있을 때, 다가오는 위기를 재빨리 포착하고 정말 지혜롭게 구명보트를 만들어야 한다, 이것이 제 입장이고요.

이런 입장을 구체적으로 말하면, 더 이상 자본주의 경제 구조나 생활 방식은 안 되겠다. 그래서 그동안 역사적으로 좋은 일을 많이 했지만, 이제는 더 이상 그만하자, 이런 식의 마음, 즉 '헤어질 결심'이 필요하다는 얘깁니다. 자본주의와 헤어질 결심!

영화 「헤어질 결심」은 두 연인 사이의 관계를 두고 하는 말이지만, 저는 이걸 좀 확장해서 보려 합니다. 그렇게 연인들도 이런저런 이유로 '헤어질 결심'을 하죠. 때로는 영화에서 암시되듯, 사랑하기 때문에 어쩔 수 없어서 헤어질 결심을 합니다. 이걸 부모-자녀 관계에도 적용해 볼까요?

어릴 때는 부모가 왕처럼 보이죠. 부모 말씀은 모두 맞고요, 힘도 세니 일단 부모님 말씀을 잘 듣는 게 나에게도 좋지요. 그런데 아이 머리가 커지면서 속으로 '이상하네? 부모님이 거짓말도 하네?' 아니면, '이상하지? 부모님의 가치관은 내 가치관과 너무 다르네!' 하는 때가 오지요. 그래서 많은 아이들은 속으로 '헤어질 결심'을 합니다. 어떻게요? '부모님이 날 낳고 키워 주신 건 정말 고맙고 감사해서 내가 죽을 때까지 은혜를 갚아야 하지만, 그렇다고 꼭 부모님의 가치관에 복종할 필요가 없는 건 아닐까?' 이렇게 생각하는 거죠. 그래서 종종 안부도 여쭙고 용돈도 드리고 하지만, 삶의 방식은 부모님이 시키는 대로 하기보다 내가 살고 싶은 모습으로 살게 됩니다. 이것도 크게 보면, 자녀 입장에서 부모님과 '헤어질 결심'을 하는 겁니다.

조금 더 확장해 볼까요? 우리는 태어날 때부터 자본주의에서 태어났고, 초중고교, 그리고 대학을 졸업할 때까지 자본주의 안에서 삽니다. 그래서 버스를 타도 돈을 내야 하고, 가게에 가서 생필품을 사도 돈을 내야 합니다. 돈이 없으면 배고파도 대체로 참아야 하고요. 정 안 되면 알바나 막노동이라도 해서 돈을 벌어야 필요한 상품을 살 수 있죠. 그런데 가만히 생각해 보니, '이건 내가 게을러서가 아니라 차별적으로 불평등한 구조 안에서 내가 살다 보니 아무리 열심히 해도 뭔가 좋아질 기미가 보이지 않는 건 아닌가? 참 이상하지? 대기업이 돈을 많이 벌면 좀 나눠 주면 될 텐데, 왜 갈수록 빈부 격차가 벌어지지? 왜 한편엔 실업자가 넘치고 왜 다른 편엔 과로와 스트레스가 쌓이지? 모두 일하되 좀 골고루 조금씩 일하면 어디 덧나나?' 이런 식의 생각이 드는 거죠. 그러면서 내가 자본주의에 살고는 있지만, 더 이상 여기에 목을 매진 않을래, 이렇게 생각하는 게 곧 '자본주의와 헤어질 결심'이라는 겁니다.

그렇다고 일론 머스크처럼 우주선을 타고 자본주의를 떠나 살 순 없어요. 하지만, '최소한 자본주의 방식은 내가 믿을 게 못 돼! 자본주의의 톱니바퀴가 되기보다는 내 나름 내 삶의 주인공으로 살 테야', 이런 식의 줏대가 필요합니다.

제가 최근에 읽은 『0원으로 사는 삶』에서 (지리산 기슭에서 사는) 박정미 작가는, ①물물교환처럼, 쌀이나 과일, 견과류처럼 자신이 꼭 필요한 것을 (재미있고 의미 있는 일에) 품을 팔아 구하고, ②낭비되는 것(유통기한 지난 식품, 빈집 등)을 수집하거나 적극 이용하며, ③타인의 선행(히치하이킹, 하룻밤 묵어가기)을 기꺼이 부탁하고, 또 자신이 할 수 있는 한 다른 타인에게 선행을 베풀며, ④가능한 한 자급자족의 기술을 늘려 감으로써, 자본주의로부터 자유로운 삶을 살아갈 수 있다고 합니다. 실제로도 그렇게 살고 있고요. 정말 감동적이죠. 그런데 이건 그냥 개인의 '깡다구'라 할 일이 아니라, 기후위기 시대를 극복하는 데 큰 실마리를 주는 모델이라 생각됩니다. 이것이 곧 기존의 경제성장이나 자본축적에 기대는 다른 접근 방식들과 전혀 다른 대안의 길인 셈입니다. 이데올로기적인 관점에서 무슨 두려움이나 편견을 갖지 말고 좀 깨놓고 한번 다르게 가보자는 것입니다. 저는 최소한 이 정도는 되어야 무슨 대안을 말할 수 있다고 봅니다.

다시 처음부터 하나씩 검토해 볼까요? 어떤 학자들이 첫째 흐름을 만들고 있냐 하면, 솔직히 대부분의 경영학자나 경제학자들, 대부분의 정치행정가나 기업가들은 이 첫째 흐름 내지 그룹에 속합니다. 더 많은 경제성장이 없다면 아무엇도 못 한다는 입장, 경제성장이 되면 기후위기도 해결 가능하다는 입장이지요. 그래서 굳이 학자의 이름을 들먹일 필요가 없습니다. 정치인, 경제인, 학자들 대부분이 이 입장이니까요.

물론, 미국의 트럼프처럼 아예 '기후위기 같은 건 없다, 가짜 뉴스일 뿐'이라 말하는 이들도 있는데, 실은 그렇게 말하지 않는 정치인, 경제인, 학자들 대부분 역시 사실상의 '기후위기 부정론자'입니다. 왜냐고요? 마음으로는 기후위기 같은 건 인정하지 않거든요. 오로지 경제성장과 자본축적이 목적이죠. 마르크스가 자본가는 자본의 의인화, 즉 자본의 인격적 표현일 뿐이라 했는데요. 이 말은 자본가는 겉으로 사람일 뿐, 속으로는 자본의 논리를 실행하는 자라는 뜻입니다. 물론, 인격이 훌륭하고 마음이 고운 자본가도 있을 수 있지만, 자본 자체는 더 많은 돈을 버는 게 목적이지 착하게 살기가 목적은 아니란 말입니다. 그래서 자본가는 '인격화한 자본'에 불과하다는 이야기지요.

그럼 두번째, 분배를 개선하고 불평등을 완화하는 데서 기후위기의 해법을 찾는 흐름 내지 그룹을 대표하는 학자는 누구일까요? 한번 추측해 보시죠. 케인스와 비슷한 입장이라 할 수도 있는데 케인스는 이미 돌아가신 분이고 살아 있는 사람 중에 케인스하고 좀 비슷하게 생각하는 사람이 누구일까요? 바로 토마 피케티(Thomas Piketty)라는 프랑스 학자죠. 『21세기 자본』을 써서 많이 유명해졌죠. 수백 년간의 자료를 체계적으로 정리한 결과, 자본수익률(r)이 늘 경제성장률(g)보다 커서 사회경제적 불평등이 체계적으로 재생산된다, 이런 얘기를 했죠. 좀 이따 더 자세히 보도록 하지요.

세번째, 기후위기의 원인 자체를 제거하자는 흐름은 의외로 다양한 결들이 있습니다. 일례로, '부엔 비비르'(buen vivir)가 '좋은 삶'이라는 스페인 말이고 남미의 여러 나라들에서 쓰는 단어죠. '좋은 삶'을 위해선 모든 생명의 기초인 자연이 싱싱하게 살아 있어야 하겠죠? 그래서 인간의 권리를 논하기 전에 자연의 권리를 최우선으로 보장해야 한다는 아이디어가 핵심입니다. 2008년에 에콰도르에서 생태헌법이 생겨 산이나 강 같은 자연도 법인격을 지닌다고 선언했어요. 실제로 2011년에 지방정부가 고속도로 건설을 하려 했을 때, 변호사가 붙어 '자연의 권리'를 주장하며 소송을 제기해 승소한 일도 있습니다. 상당히 고무적이죠.

'코무날리다드' 이것도 남미 단어인데 영어로는 '코뮤니티', 우리말로 '공동체'죠. 지역사회 공동체입니다. 제가 얼마 전에 쿠바를 다녀왔는데, 피델 카스트로나 체 게바라에게 기대를 너무 해서 그런지 실망이 좀 컸습니다. 여태 '교육 천국', '유기농 천국', '의료 천국'으로 알려졌는데, 그런 것보다 '달러 의존'이 너무 심한 것 같고, 자본주의 냄새가 많이 풍겨서 공동체가 너무 빨리 무너지는 게 아닌가 싶어 정말 안타까웠습니다.

같은 남미의 브라질 등 여러 나라에서 '비아 캄페시나'(Vía Campesina) 운동이라고 있는데, 우리말로 '농민의 길'이란 뜻이죠. 이건 귀족이나 부호가 가진 드넓은 농토를 농민에게 돌려 달라는 운동입니다.

그러고 보니, 실제로 스페인의 마리날레다라는 소도읍이 아주 흥미롭습니다. 3천 명이 좀 안 되는 가난한 주민들이 사는 곳인데요. 1979년 후안 마누엘 산체스 고르디요 시장이 선출되면서부터 1991년까지 10년 넘게 투쟁했어요. 뭘 위해서일까요? 땅이지요. 그동안 놀고 있던 수백만 평에 이르는 귀족(인판타도 공작)의 땅을 점거하는 운동을 10년 넘게 벌인 거죠. 마침내 스페인 정부가 지주인 귀족에게서 일정한 보상을 하고 땅을 산 다음에 이 마을 사람들에게 사용권을 주었어요. 소유권은 아니지만 점유권을 얻어 낸 주민들이 그 땅에 집도 짓고 살면서 10개 정도 되는 협동조합으로 그 지역을 운영하고 있지요. 농장, 작업장, 학교, 카페,

원형극장, 수영장, 운동장, 자체 TV방송국 등 모든 걸 자급 자족하며 재미있게 사는 공동체 마을입니다. '마리날레다' 라는 단어로 인터넷에 한번 검색해 보시면 금방 많은 자료 가 나올 거예요. 댄 핸콕스(Dan Hancox)가 쓴 『우리는 이상 한 마을에 산다』는 책이 바로 이 마을 이야기죠. 제가 해제 를 써드린 책이라 강추합니다. 죽기 전에 꼭 가보고 싶은 곳 입니다.

그다음에 인도에서 나온 운동 개념들이 있죠. 스와라지 (자치), 스와데시(자립), 사티아그라하(시민불복종), 칩코(나무 껴안기 운동) 등이 있습니다. 한편, 부탄의 지그메 싱기에 왕 추크 국왕은 1972년, GNP나 GDP가 아닌 GNH(국민총행복) 개념으로 나라를 다스린다고 선언했지요.

아프리카에선 '우분투'가 있는데, '네가 있고 내가 있다' 즉, 내가 먼저 있는 게 아니라 네가 있어야 내가 있다는 뜻입 니다. 공동체를 말하죠. 그러니까 우리말의 '우리' 개념에 가 깝습니다.

미국이나 영국에서는 '커먼스'(commons) 또는 '커머 닝'(commoning) 같은 개념도 강조되는데, 이건 공유재 또는 공유하기를 뜻하는 개념이죠. 우리나라도 '도시 텃밭'이나 '공원', '국유림'으로 상징되는 '숲'이라든지⋯ 이런 게 모두

'커먼스'라 할 수 있습니다.

사실 우리나라 바닷가 마을에 가보면 개펄과 앞바다를 어촌계가 관리하지만 생계를 위해 나라가 관리권을 준 것이지 그 소유권은 우리 '모두의 것'이거든요. 나라 전체의 것이죠. 조상한테 영원히 물려받아 쓰고 또 영원히 물려줘야 한다는 그런 관점에서 보면 사실 '토지 문제'조차 근본적으로 해결이 쉽죠. '부동산 문제'도 건물에 대한 소유권은 인정해 주더라도 '토지 자체'는 우리가 물려받아 계속 물려줘야 해요. 그렇게 되면 집이나 땅이 비쌀 필요가 없지요.

집이나 땅도 이렇게 근본적으로 생각해 보면 개인적인 소유가 아니라 사회적인 소유로 가야지만 쉽게 해결이 된다고 생각합니다. 일례로, 미국에서 2008년에 금융위기가 터지자 디트로이트의 자동차 공장인 GM이 파산했어요. 디트로이트는 우리로 치면 울산 같은 동네죠. GM이 망하니, 도시 전체가 망한 거죠. 실업자가 대거 생기니까 이 사람들이 그냥 있을 수 없다 해서 새롭게 움직이기 시작했죠.

GM 실직자들과 가족들이 뭉쳐 도시 텃밭과 함께 공동체 운동을 일으키면서 대안적인 시도들이 많이 나왔어요. 경이로운 일이죠. 물론, 이것 하나가 미국 자본주의를 바꾸진 못해요. 그러나 늘 자본에 고용되어야만 먹고살 수 있다고 생각하던 이들이 어떤 계기로 완전히 다른 삶을 꾸려 나가는 모습, 바로 그런 상상력과 창의력이 새 돌파구가 되는 셈이죠.

그러고 보니 협동조합 개념도 빠뜨리면 안 될 것 같습니다. 스페인의 마리날레다 외에도 우리나라 청주에 가면 (주)우진교통이라는 버스 회사가 있는데, 노동자가 사장을 직접 뽑아요. 사장 월급도 기사님과 같고요. 중요한 의사결정은 총회에서 이뤄지고 각 조별 자주관리 활동도 하면서 '노동자 민주주의'를 이루었죠. 제가『우진교통 이야기』란 책에서 이 사례를 비교적 상세히 소개했습니다. 실증 분석 결과 노동자 만족도도 상당히 높습니다. 어찌 보면 소련이나 동유럽에서 있었던 사회주의에는 잘 없던 '노동자 민주주의'가 여기서는 실현이 되고 있어요. 정말 신선한 사례입니다.

이 모두 자본주의와 탈자본의 경계를 왔다 갔다 하면서도 넘어서려는 시도, 생명으로 진일보하려는 시도라 할 수 있죠. 결국 이를 '탈자본, 진생명'으로 압축할 수 있겠네요. 여기서 국가권력이 탈자본 방향을 잡는 순간, 체제 전환도 훨씬 쉬워지겠지요.

이론가들

토마 피케티

이제부터는 이론가들을 한 명씩 살펴보겠습니다. 제일 먼저 볼 학자는 토마 피케티입니다. 프랑스 사람이고 경제학자인데, 경제학자치고는 상당히 신선한 아이디어를 담은 책 『21세기 자본』을 냈죠. 이 책이 세계적으로 상당한 베스트셀러가 되어 한국에도 많이 알려졌습니다. 그런데 내용은 간단해요. 앞서 말씀드린 대로, 실증 분석 결과 경제성장률(g)보다 늘 자본수익률(r)이 높았다는 거죠. 즉, 가진 자가 더 부자가 될 수밖에 없다는 결론이죠. 경제성장을 하게 되면 노동이 가져가는 몫도 있지만 자본 쪽의 몫이 훨씬 더 크다는 이야기입니다.

그래서 피케티의 결론은 소득세를 지금도 내지만, 많이 벌고 많이 가진 사람들이 더 많은 세금을 내게 하자는 거죠. 일종의 부유세를 걷자는 겁니다. 또 글로벌 차원에서도 부자들의 자선보다는 소득이나 재산에 대한 세금을 더 많이 거둬 그걸로 기본소득이든 사회복지든 빈국의 빈자들이 좀더 나은 삶을 살게 하자는 겁니다. 그렇게 함으로써 가난한 나라들이 불필요하게 온실가스를 만들어 내는 일을 하지 않게 예방할 수 있다는 거죠.

그래서 피케티는 부유층들이 전용기를 몰고 다니는 걸 비판합니다. 부자들이 쓸데없이 큰 차를 몰거나 단거리조차 전용기로 오가는 등, 온실가스를 많이 배출한다는 거죠. 비행기 한 대가 자동차 몇천, 몇만 대 분량의 온실가스를 배출한다 하죠. 그래서 프랑스에서는 기차로 2시간 30분 이내로 이동할 수 있는 거리는 2023년 5월부터 국내선 비행기 운행을 금지하고 있어요. 이런 걸 생각하면 우리가 대중교통을 더 생태적으로 건강하게 만들고 활용하는 것도 중요합니다. 그리고 열과 전기를 만들거나 상품을 생산하는 과정에서 나오는 온실가스도 엄청나기에 상품을 덜 만들고 덜 쓰고 덜 버려야 하는 거고요.

어쨌든 피케티의 아이디어는 부국 내 빈자들에게도 관심을 기울여야 한다는 겁니다. 재산세나 상속세 같이 부자들한테 받은 세금을 가난한 청년들을 위해 사용하자는 건데, 이런 주장을 우리나라에서 하면, '빨갱이'라고 욕먹기 쉽죠. 유럽에서는 이런 주장이 자본주의를 부정하지 않으면서 분배를 좀 잘하자는 면에서 사회민주주의적 대안에 불과하거든요.

사이토 고헤이

UN에서 만든 SDG, 즉 '지속가능 개발 목표'(Sustainable Development Goals)라는 것이 있습니다. 좀 건강한 성장, 건강한 발전을 하자고 만든 개념이죠. 그런데, 저는 이것이 지속 가능한 발전·개발이란 옷을 입은 '지속 가능한 자본축적'이라 봅니다. 일종의 '그린 워싱'이죠. 사이토 고헤이는 더나아가 SDG 같은 걸 '현대의 아편'이라 날카롭게 비판해요.

사이토 고헤이가 『지속 불가능 자본주의』에서 주장하는 것은 '탈성장 코뮤니즘'입니다. 코뮤니즘을 우리말로 옮기면 공산주의인데, 우리에겐 공산주의에 대한 편견이나 선입견이 크기에 그냥 '코뮤니즘'이라 부르기도 하죠. 코뮤니즘은 '코뮨'이란 말에서 나왔는데, 읍이나 면 정도의 작은 공동체를 말합니다. 지금도 독일에 가면 읍이나 면을 '코뮨'이라 하죠. 이런 공동체를 중심으로 살아야 한다는 공동체주의가 곧 코뮤니즘입니다.

그러니까 그 내용을 보면 코뮤니즘도 그리 무서운 내용이 아닙니다. 제가 가끔 드리는 말씀이지만, 가족이야말로 코뮤니즘의 가장 모범이죠. 일할 수 있는 아버지나 어머니가 돈을 벌어 온 가족이 사이좋게 먹고 살잖아요. 원래 가족처럼 살자는 게 코뮤니즘인데, 가족을 사실상 해체하는 자본주의, 그리고 여기서 이득을 얻는 이들이 탈자본이나 코뮤니즘에 대해선 기겁을 하며 악마화하죠. 사실 우리 삶의 기본 질서를 이루는 게 화목한 가족 같은 분위기의 코뮤니즘이거든요. 이런 탈성장 코뮤니즘이 바로 사이토 고헤이의 주장이죠.

탈성장 코뮤니즘의 핵심은 세 가지 정도로 살펴볼 수 있습니다. 우선 첫번째가 제국적 생활양식에서 벗어나야 한다는 겁니다. 제국적 생활양식이란 제3세계의 값싼 원료와 에너지, 노동력, 농산물을 활용해 상품을 만들고 지적 재산권까지 만들어 비싸게 팔아먹는 방식이죠. 우리나라도 이런 제국주의적 생활방식이 만연해 있어요. 이런 방식의 돈벌이를 기반으로 하는 생활양식에서 벗어나야 한다는 말이죠.

둘째는 자연에 대한 근대적 인식에서 벗어나자는 겁니다. 자연은 인간과 분리된 객체가 아니라 인간 삶의 기초 내지 어머니라는 관점입니다. 함부로 개발하거나 훼손하면 안 되는 공유재(커먼즈)라는 것이죠.

그리고 셋째는 탈성장에 기초한 풍요를 중요한 가치로 삼아야 한다는 겁니다. 지금까지의 GDP 중심의 자본주의 성장 대신 생태주의적 탈성장을 기본원리로 수용하자는 거죠. 이건 국민행복지수(GNH) 개념과도 맞닿아요.

이런 생태사회주의적 탈성장은 청교도주의적인 과거의 탈성장론과는 달리 공유재(커먼즈)에 기초한 경제라 할 수 있습니다. 이 관점에서는 숲이나 강, 땅, 그리고 우리가 누리는 각종 문화들까지 다 우리 모두의 공유재가 됩니다. 그런 것들을 재건함으로써 좀 다른 사회로 넘어가야 된다, 이런 개념이죠.

안드레아스 말름

안드레아스 말름(Andreas Malm)은 스웨덴 학자로, 『코로나, 기후, 오래된 비상사태』란 책을 냈습니다. 이 사람은 국가 또는 정부의 강력한 힘에 의해서만 기후위기가 극복될 수 있다고 보죠. 그래서 제대로 된 철학을 가진 정부나 국가가 필요하다는 주장을 해요. 이런 생각이 나온 배경엔 코로나 팬데믹이 있는데요. 스웨덴에서 강력한 국가 방역체계가 없는 상태에서 코로나 유행 초창기에 사망자가 많이 나왔거든요. 이런 걸 보면서 강력한 국가 개입의 필요성을 느낀 듯합니다. 그런데 또 나중엔 스웨덴식이 올바른 방향이었다는 논란도 있었죠. 국가가 나서서 가장 잘 대처한 나라가 대한민국이라 해서 'K-방역'이라며 주목하기도 했는데, 이걸 좀 삐딱하게 보면 국민 모두의 일거수일투족에 대한 데이터가

다 집중되고 국가 통제에 따라 일사불란하게 조치가 취해지는 것이 문제가 있지 않느냐는 지적이 있기도 해요.

또 코로나 사태가 부풀려졌고, 그 과정에서 제약회사들만 돈을 번 게 아닌가 하는 음모론도 있죠. 백신을 팔기 위한 돈벌이 공간의 창출이란 면에서 음모론조차 터무니없는 것 같진 않지만, 어느 것이 진실인지 저도 확실히는 모릅니다. 그런데 코로나뿐만 아니라 기후위기까지 이제 '장기 비상사태'거든요. 단기간에 극복될 문제가 아니고 앞으로 굉장히 오랫동안 인류를 괴롭힐 것 같은 위기 징후들이라 할 수 있는데, 앞으로 있을 일에 대해서도 코로나에서 겪은 경험이 조금 힌트가 될 수 있겠죠.

가령 코로나 위기 동안 GM과 포드가 자동차 라인을 인공호흡기를 생산하는 데 활용한 사례가 있고요. 패션 업계에서도 옷 생산라인을 소독제나 방호복 제조라인으로 전환하기도 했어요. 술 공장에서는 손 소독제를 만들기도 했고요. 이런 식의 전환이 가능한데, 결국 국가가 어떤 철학을 가지고 강력히 대응하느냐에 따라 위기 대응 방식도 달라질 수 있다는 겁니다. 지금 기후위기에 대응하려면 단기간에 이산화탄소 발생량을 획기적으로 줄여야 하는데 지금처럼 권장, 자율 같은 것에 맡겨서는 일이 되지 않겠죠. 국가의 강력한 체계적 개입, 이게 안드레아스 말름이 주장하는 바죠.

이 학자는 또 『화석 자본』이라는 책도 썼는데, 이 책에 좀 재미있는 관점이 있어요. 화석에너지가 지금의 기후위기를 불러왔는데, 자본이 노동을 포섭하고 통제하는 유리한 수단을 찾는 과정에서 화석연료를 사용하게 되었다는 부분이죠.

화석연료가 에너지 측면에서 유용성도 있지만, 시간이나 공간 측면에서 노동을 복종시키기 위한 제조업자의 전략적 선택이었다는 분석입니다. 산업혁명 초기에는 섬유 산업이 엄청 발전을 하잖아요. 그런데 이 산업이 50%에 이르는 이윤율이 나올 정도로 인간 노동력으로부터 잉여가치를 엄청 뽑아냈죠. 살인적 저임금으로 이윤을 엄청 많이 뽑아갔는데, 그렇게 한 50년 이상 지나면서 이윤율이 5% 이하로 떨어지게 되었어요. 그러면서 1825년 말경 자본주의 최초의 구조적 위기가 오고 파업과 봉기가 일어났죠. 그 뒤 공장법(노동법)도 만들어지고 하니까, 자본가들은 이제 기계를 더 대대적으로 도입합니다. 이 기계의 동력은 결국 화석연료에서 나왔죠. 그리고 이렇게 새로운 에너지원을 얻으면서 자본 권력이 더 강하게 발휘될 수 있었던 겁니다. 요컨대, 자본이 이윤 위기를 극복하기 위해 화석연료를 사용하게 되었고, 그게 지금의 기후위기로 이어졌다 할 수 있지요.

제이슨 히켈

네번째로 소개해 드릴 학자는 제이슨 히켈이라는 영국 학자입니다. 젊은 학자로 감탄스러울 정도로 좋은 연구를 보여주는데요. 네덜란드의 파울 크뤼천(Paul Crutzen)이라는 학자가 '인류세'라는 개념을 제시했는데, 히켈은 지금의 시대를 '자본세'라 해야 한다고 말합니다. 인류세는 너무 포괄적이라는 거죠. 인류 중에도 기후위기를 유발하지 않은 사람들이 훨씬 많으며, 결국 한 줌의 자본가들 때문에 이렇게 되었기 때문에 인류세 개념보다는 자본세가 지금의 세계를 더 잘 규정한다고 이야기합니다.

자본세 개념은 제이슨 히켈뿐 아니라 앞서 다룬 안드레아스 말름이나 제이슨 무어 같은 사람들도 주장한 바 있어요. 이 관점에서는 자본이 만들어 내는 기후위기를 극복하기 위해선 숙의 민주주의, 열린 토론, 공동 결정, 지속 가능 사회 같은 대안들이 필요하다고 해요.

이런 이론들의 기저엔 원래 앨프리드 화이트헤드(Alfred North Whitehead, 1861~1947)의 철학이 깔려 있죠. 화이트헤드는 과정의 철학, 관계의 철학, 유기체의 철학을 제창한 철학자입니다. 지금까지 학문이나 철학은, 결과 중심적이고 어떤 개별 존재의 실체 중심이었지만 그게 아니라 과정이나 관계 개념으로 모든 걸 바라봐야 한다는 거죠. 지금 학자들의 생태주의적 시도들의 뿌리에는 이 화이트헤드의 아이디어가 많다는 겁니다. 저 역시 이분의 철학에 동감입니다.

우리가 생물 다양성, 문화 다양성 같은 이야기를 할 때, 그 관점은 관계 중심, 과정 중심이어야 하거든요. 르네 데카르트는 "나는 생각한다, 고로 존재한다"라 하면서 인간과 (생각 없는) 자연을 이분법적으로 분리해 내고, 생각할 줄 아는 인간이 만물의 영장이고 최고의 존재라 생각했죠. 따라서 좀 거칠게 말하면 인간 마음대로 해도 괜찮다는 논리가 여기서 나오죠. 인간이 신의 자리를 대신할 수 있다고 보았어요. 바로 이런 관점이 자본주의의 근본 뿌리에 깃들어 있다는 것이고, 이걸 극복해야만 대안이 나올 수 있습니다.

이런 화이트헤드의 철학을 간단히 세 가지 문장으로 압축해 볼 수 있습니다. 첫째, '누구도 같은 강을 두 번 건널 순 없다'(존재는 되어 가는 과정 중이다). 과정의 관점이죠. 둘째, '누구도 외딴섬이 아니다'(모든 건 서로 연결돼 있다). 관계의 관점이죠. 셋째, '야생화에서 천국을 보다'(모든 존재는 가치가 있다). 존재의 관점이죠.

이제 하나씩 볼까요? 첫째, "누구도 같은 강을 두 번 건널 수 없다"는 말, 꽤 멋있죠? 이건 모든 존재가 되어 가는 과정 속에 있다는 말과도 통해요. '과정'을 중심에 놓고 생각한다는 건 가령 이런 겁니다. 강물은 끊임없이 흐르기 때문에 1분 전에 본 강과 1분 뒤에 본 강은 겉모습이 비슷해도 이미 그 물의 구성 인자나 물결의 흐름이 다 다르다는 이야기죠. 모든 존재는 되어 가는 과정, 끝이 없는 과정에 있다는 겁니다.

보통 우리가 청소년을 정의할 때 몇 살 이상 몇 살 이하, 이런 식으로 생각하기가 쉬운데, 독일에서는 청소년을 '매일 어른이 되어 가는 사람'이라 정의한다 해요. 바로 이런 사고방식이 과정 중심의 철학입니다.

둘째, "누구도 외딴섬이 아니다"란 문장도 역시 멋있어요. 모든 건 서로 관련돼 있죠. 불교에선 이런 걸 인드라망이라 해요. 서로가 서로를 비추는 구슬이 무한정 연결되어 있는 모습! 어떤 존재도 홀로 존재하지 않는다는 거고 관계 속에서 숨을 쉬고, 그 숨 속에 산소가 들어가고 또 우리 몸속에는 유익한 기생충 무익한 기생충이 섞여 있죠. 그런 기생충과 함께 살아야 우리 몸이 지탱된다는 겁니다. 또 우리가 먹는 밥이 똥이 되고, 다시 똥이 밥이 되는 그런 과정이 있는 것은데, 지금은 그런 것들을 두려워해서 깨끗하게 위생 처리한다는 개념으로 약을 치고 보이지 않는 곳으로 치우기 바쁘죠.

셋째, "야생화에서 천국을 본다"입니다. 권정생 선생의 책 『강아지 똥』에서 말하듯, 모든 존재는 다 가치가 있어요. 그것이 강하거나 성공이라서가 아니라 그 자체로 존중받아야 하죠. 지금 우리는 강자나 승자를 존중하고 약자나 패자를 무시하는 경향이 있어요. 만물 존중!

그러니까 우리 삶의 패러다임을 바꾸기 위해선 이런 근본 원리가 변해야 한다는 겁니다. 기존의 데카르트식 사유, 즉 인간과 자연을 나누고 인간이 만물의 우위를 점하고 신적인 존재로 군림하는 그런 철학과는 근본적으로 다른 걸 우리가 찾아내야 하는 거죠. 그런 성찰과 더불어 좀 다른 세상을 만들어 가야 한다는 이야기를 드리고 싶은 거고요.

이런 사고의 전환을 간단한 독일어로 정리할 수 있습니다. '하벤 오더 자인'(Haben oder Sein)이죠, "소유냐 존재냐"라고 번역할 수 있어요. 프랑크푸르트 학파 철학자 에리히 프롬(Erich Fromm)의 책 제목이죠. '하벤'(Haben)은 영어에서 'have' 동사의 명사형이고, '자인'(Sein)은 'be' 동사의 명사형이죠. 이렇게 소유와 존재 중에서 에리히 프롬은 존재가 더 중요하다고 해요. 그런데 이 존재와 관계를 또 따져 보면 존재보다 관계가 더 중요하다 할 수 있습니다.

소유 — 존재 — 관계

자본주의는 계속해서 관계를 존재로, 존재를 소유로 끌고 가려고 하는 거라면, 탈자본의 운동은 거꾸로 소유에서 존재로, 존재에서 관계로 밀고 나가는 운동이죠. 이런 개념들을 정확히 알고 우리가 운동을 할 때 그 실천적인 의미도 더 분명해질 것이라 생각합니다.

제이슨 무어

아까 얼핏 제이슨 무어와 제이슨 히켈이 모두 '자본세'를 주장했다 했지요. 제이슨 무어는 『생명의 그물 속 자본주의』에서 '세계생태론'이란 이론적 관점을 제시합니다. 이 사람의 명제는 명확하죠. 자본주의가 기후위기와 식량위기, 금융위기, 고용위기를 초래하기에, 자본주의가 자연을 조직하는 방식을 바꾸면 답이 나온다는 겁니다.

무어는 '인간 자연'(human nature)이란 용어를 씁니다. 인간도 자연의 일부니까요. 그러니까 제이슨 무어는 자연과

(자연의 일부에 불과한) 인간 자연을 다루는 자본주의의 방식을 바꾸어야 위기 극복이 된다고 봅니다. 그리고 그런 변화에 우리가 두려움을 가질 필요는 없다 합니다. 두려움이 생기는 유일한 근거는 기득권이죠. 우리가 자본주의로부터 얻어먹는 게 너무나 많기 때문입니다. 그래서 부와 권력, 자연을 통합한 '세계 생태로서의 자본주의'를 바라보면 결국 자본주의의 강점이자 단점은 '저렴한 자연'에 있다는 결론이 나옵니다.

그런데 인간 노동력이 비싸지면 자본주의의 장점이 없잖아요. 그러니까 기계 투입하고 AI 만들어 내는 등의 일을 자꾸 하는데 돈은 돈대로 들고 이윤율도 별로 높아지지 않을 뿐만 아니라 자연 생태계는 갈수록 망가지기 때문에 결국 자본주의는 답이 없다는 겁니다.

그래서 '생명의 그물' 안에서 자본주의의 원래 자리를 찾도록 만들어 주는 게 새로운 혁명이나 새로운 변화의 내용이 된다는 취지라 보시면 되겠습니다.

브뤼노 라투르

브뤼노 라투르(Bruno Latour)는 『우리는 결코 근대인이었던 적이 없다』는 책을 냈죠. 근대성에 대한 비판인데요. 고 김종철 선생님도 늘 근대 문명이 아니라 생태 문명으로 가야 된다고 강조하셨는데, 라투르도 생태 문명을 이야기할 때 각광을 많이 받는 학자입니다. 가령 스테이시 앨러이모(Stacy Alaimo)도 제시한 '횡단 신체성' 개념이 있는데, 우리 신체가 독자적으로는 존속이 가능하지 않다는 겁니다. 예를 들어 밥이라는 존재를 통해서 다른 신체를 우리 신체 속에 집어넣어야지만 우리가 살아갈 수 있고, 그러다 보면 은연중에 벌레를 먹을 수도 있죠. 또 우리 몸속에 미생물도 살아갑니다. 그래서 우리 존재들은 서로 횡단하면서 함께 살아간다는 개념, 공생의 개념을 이야기할 때 브뤼노 라투르가 요즘 많이 인용이 되지요.

앨리스 달 고보

앨리스 달 고보(Alice Dal Gobbo)라는 학자는 『나의 행동이 대양의 작은 물방울에 불과할지라도』라는 책을 써서 2024년 6월에 한국에도 번역되었는데요. 우리가 일상적인 실천을 바꾸어야 되는데, 단순히 텀블러나 머그잔을 쓰자, 이런 수준의 일상 변화를 이야기하는 수준을 넘어섭니다. 훨씬 더 깊이 있게 자본주의 존재 방식 자체에 의문을 제기하면서 일상을 철저히 바꿔 내자는 겁니다. 그러면서 책임 있는 행동, 지속 가능 생활 방식 이런 좋은 개념들조차도 약간 비판적으로 정리하면서, 확정이나 축적을 하지 않고 내 삶의 충분함을 인식하면서, 충분함과 지역 중심성과 윤리성을 회복하면서 일상을 재구성하는 것이 중요하다고 주장하죠.

마리아 미스

고 마리아 미스는 자본주의 모순뿐만 아니라 남성 가부장주의가 여성에게 미치고 있는 잘못된 영향까지 지적한 독일의 사회학자입니다. 우리가 생각하면서 자본주의를 바꿔내야지만 미래가 제대로 건강해진다고 이야기를 하는데, 그 과정에서 여성의 관점에서 가사노동, 육아노동, 돌봄노동 등을 여성에만 맡겨 놓거나, 자본주의 돈벌이 논리에서 바라보아서는 곤란하다는 이야기죠. 궁극적으로는 욕망과 신체와 일상의 지속 가능성 없이는 환경적 지속 가능성도 불가능하다는 관점입니다. 욕망을 억압하는 것이 아니라 건강하게 충족시키면서도 지속 가능성을 담보해야 한다는 얘기죠.

피에르 로장발롱

피에르 로장발롱(Pierre Rosanvallon) 하니 벌써 발음부터가 프랑스 향기가 '찐하네요'. 로장발롱은 콜레주 드 프랑스의

정치사학자입니다. 프랑스 민주주의 연구의 대가죠. 2011
년에 불어로『평등사회』(La société des égaux)란 책을 냈는데,
과연 자유와 평등은 화해 가능한가, 라는 질문을 던지고 있
죠. 1980년대 신자유주의의 득세 이후에 평등사회가 붕괴
되는 현실을 고발하는 책이기도 합니다. 자유사회와 평등사
회 간의 긴장관계, 그러니까 어떻게 우리는 서로 다양하고
자유로우면서도 동시에 평등할 수 있을까, 라는 화두를 들
고 있죠. 이건 동양에서도 많이 고민하던 주제죠. 즉, 화이부
동(和而不同), 서로 개성을 존중하고 차이를 인정하면서도
서로 평등하게 소통하는 게 어떻게 가능할까, 하는 문제는
민주주의를 논할 때 늘 등장하는 주제입니다.

최근에 인제대 이찬훈 교수님도『불이문을 넘어 붓다의
세계로』란 책을 내셨는데, 불이(不二) 사상을 강조하죠. 즉,
너와 나는 다르긴 하지만 그 다름이 둘은 아니다, 결국 우리
는 하나인데 하나 안에서 차이가 있을 뿐이다, 라는 사상, 요
컨대 공존을 도모하는 이론인 셈이죠.

크게 보면 자본주의와 사회주의라고 하는 사상의 차이
조차 화이부동의 관점으로 본다면 지금의 남북한처럼 적대
적으로 대립할 일이 아닙니다. 사실 양쪽의 정권은 적대적
대립을 이용해 권력을 존속시키는 '적대적 공생'이랄까 그

런 점이 분명히 있죠. 그게 아니라 진정으로 풀뿌리 민중들이 생각은 다르더라도 얼마든 공존할 수 있다, 이렇게 문을 열어 놓고 교류도 많이 하면 좋겠습니다. 그러면서 서로 장점을 배워 나가면서 같이 변하면 수십 년 뒤에는 서로 비슷해질 거 아니에요? 그런 식으로 통일이 되면 가장 좋죠. 저는 이제 이런 아이디어를 잘 살려내면 전쟁 안 하고 평화롭게 발전할 수 있는 가능성도 커질 거라 생각합니다.

이졸데 카림

이졸데 카림(Isolde Charim)은 독일의 철학자로 『나와 타자들 — 우리는 어떻게 타자를 혐오하면서 변화를 거부하는가』라는 번역서도 있습니다. 저도 책 제목에 끌려 타자를 존중하라는 이야기겠지, 라고 생각하면서 읽기 시작했는데, 보통 책이 아니더라고요. 우리가 어떻게 타자를 혐오하면서도 또 타자에 적응되어 가는지 논하는데요. 이 맥락에서 '나르시시즘의 고통'을 말해요. 우리는 경쟁사회에 자발적 복종을 하고, 별 도움 되지 않는 일에도 복종하는 경향이 있죠.

　연예인들에 대한 팬덤 같은 것도 이런 예에 속할 텐데요. 완전한 세계의 특징을 보여 주는 존재로 어떤 연예인을 상정하고, 그이와 자신을 동일시함으로써 삶의 어떤 지향점을 채워 나가는 거죠. 제 생각엔 속이 '허'해서 그런 거죠. 흔히 달달한 것, 자극적인 것에 잘 끌리듯, 위대하게 보이는 것에 무조건 눈 감고 쫓아다니는 것이죠. 제가 강조하는 '강자 동일시'입니다.

자본주의가 발달하지 않았을 때는 노인들을 존경했잖아요. 시골 노인들이 존경받았어요. 특히 할머니들은 산나물도 많이 알고, 약초나 독초도 잘 알았어요. 어디 몸이 아프면 무슨 뿌리를 삶아 줬더니 배가 안 아프다 하고 이런 식으로요. 삶의 풍부한 경험이 낳은 거죠. 그런데 자본주의 상품사회에선 그런 것보다 비싼 것, 명품, 이런 게 인기나 권력의 원천이죠.

명품 백으로 상징되는 이런 경향을 살펴보면, 내면이 허하고 자기 자신에 대한 자부심, 자존감, 이런 게 없을수록 자꾸 그런 외형적인 것에 쏠립니다. 자존감이 약할수록 '인정 욕망'이 강하게 드러납니다. 그걸 활용해 명품 시장이 번창해요. 자본주의적 상품사회가 끊임없이 자기의 가치나 타자에 대한 사랑을 상품가치로 표시, 확대하려 하는데, 이 부분이 '나르시시즘'(자아도취)과 상품사회의 교차점입니다.

어쨌든 지금 이런 이야기들의 메시지는 이런 상품사회와 나르시시즘을 극복하지 않으면 기후위기도 극복이 안 된다는 거예요. 그러니까 우리가 지금 끊임없는 딜레마 속에 빠져서 경제성장을 안 하고 상품을 안 만들면 어떻게 살 수 있을까, 라고 생각하죠. 그러면서 참된 변화를 거부하는데, 이 거부 행위의 뿌리를 탐색하면 앞서 말한 심리적 차원이 존재한다는 겁니다. 나와 타자가 연결된 존재가 아니라 분리된 존재가 되어 각자 자기 방어와 가치 인정을 위한 경쟁을 하는 과정에서 세상은 점점 망가진다는 이야기를 하고 있죠. 저도 깊이 공감한 책입니다.

로빈 월 키머러

로빈 월 키머러는 『향모를 땋으며』라는 책을 쓴 북미 원주민 출신의 학자입니다. 앞에서도 '받드는 거둠'이란 개념을 보았죠. 우리가 자연으로부터 많이 얻는데 그걸 결코 당연시하지 않고 존중하고 받들면서 수확하란 얘깁니다. 그런 마음으로 땅과 자연을 잘 보살펴야 한다는 거죠. 나물을 뜯더라도 처음 보는 건 이 세상의 마지막 것일지 모르니 뜯지 않고 두번째나 세번째 발견하는 나물부터 뜯는 것이 '받드는 거둠'이죠. 저는 이 부분에 시선이 딱 멈추더라고요. 이런 자연과의 관계 회복을 위한 우리의 태도를 깊이 성찰하게 하는 책입니다.

이런 맥락에서 키머러는 지금과 같은 등가교환의 경제, 모든 걸 상품화하는 경제보다 선물의 경제, 감사의 문화, 이런 것이 세상을 살린다고 봅니다. 결국 우리 인간이 대안적으로 살아간다는 것은 다양성, 순환성, 호혜성, 책임성 등을 복원하고 강화하는 것이죠.

애나 칭

애나 칭(Anna Tsing)이 쓴 『세계 끝의 버섯』이란 책도 흥미롭습니다. 1945년 8월 히로시마와 나가사키에 원자탄이 떨어진 뒤 새로 올라온 식물들이 몇 가지 있죠? 쑥, 어성초, 미역, 송이버섯이 그래요. 상징적인 건데, 히로시마와 나가사키에서 원자탄의 피해를 입은 이후에 송이버섯이 자라더라는 겁니다. 자본주의가 전쟁으로 끝날 수도 있고 생태 재앙으로 끝날 수도 있는데 어쨌든 그 폐허 속에서도 버섯이 자라나듯 새 생명체의 가능성이 얼마든 있다는 이야기를 하죠.

제가 가끔 하는 이야기가 6차 대멸종이 오더라도 너무 비관하지 말고 살아남을 아이들을 위해 우리가 제대로 사는 법을 보여 주고 알려 줘야 한다는 겁니다. 그렇게 제대로 교육받은 아이들 중에 몇이라도 살아남아 다음 세상을 이끈다면 지구에 희망이 생기겠죠.

애나 칭 역시, 물론 직접 그렇게 말은 않지만, 폐허 속에서 버섯이 나오듯 지구에 재앙이 오더라도 분명히 새 생명은 이어질 것이라 봅니다. 결국은 서로 협동하면서 공생하는 게 답인데 세상의 현실은 불감증 투성이죠.

지금 세상이 붕괴를 향해 달려가는 것도, 또 어떻게 하면 인류가 공멸하지 않고 생존이 가능할지에 대해서도, 사람들은 대체로 무감각, 무관심, 무책임으로 일관합니다. 애나 칭은 이런 문제에 대해 송이버섯을 매개로 흥미로우면서도 예리한 지적을 하고 있다고 봅니다.

다른 한편으로, 버섯을 채집하느라 제3세계의 가난한 이들이 세계 곳곳을 다닌다고 지적합니다. 그리고 이제 송이버섯이 고가의 상품이 되어 세계시장에 팔리고 결국 고급 음식점에 고급 요리로 등장합니다. 폐허를 이긴 생명력의 상징인 송이버섯이 값싼 노동력과 대조적으로 비싸게 상품화하는 점이 흥미롭죠.

바로 이 자본주의 메커니즘이야말로 세상을 망가뜨리는 방향으로 가고 있는데, 애나 칭은 이 부분에 대해선 사회과학적 분석을 하진 않아요. 하지만 칭은 폐허에서 솟아난 송이버섯을 매개로 자본주의 끝의 폐허를 상상하도록 우리를 안내하는 게 아닌가 합니다. 제대로 공존공생하기 위해서라도 그런 상상력이 절실합니다.

프레드릭 제임슨(Fredric Jameson)이 "세계의 종말을 상상하는 것보다 자본주의의 종말을 상상하기가 더 어려운 시대"란 말을 한 적이 있는데, 정말 맞는 것 같습니다. 우리는 지구의 종말은 가끔 상상도 하고 걱정도 하는데, 자본주의는 마치 영원할 것처럼 상수로 여기고 있죠.

그래서 이 책은 폐허를 딛고 일어선 송이버섯을 채취하고 판매하는 '가치사슬'을 따라가면서, 인간이 대량으로 지구와 사회를 파괴한 시대에, '협력적 생존'의 가능성, 즉 미래의 가능성을 탐색하는 데 도움이 되는 책입니다. 결국은 자연을 상품화하고 노동력을 상품화해서 돈벌이를 하는 체제가 아니라 주어진 지구 위에서 사람들이 유기적 협력으로 공존을 도모하는 체제를 상상하는 것이 필요하겠죠.

실제로, 버섯을 잘 보면 참 신기해요. 버섯(균류)은 생명력이 강해 주변 나무도 살리면서 자기도 산대요. 서로 영양분을 주고받는 거죠. 심지어 정보 교환도 한대요. 버섯(균류)과 숲이 정보 교환을 한다니 신기하죠. 만일 숲에 위험 요인이 생기면 버섯 같은 균사체들이 이걸 알아차리고 숲과 소통하면서 대응을 잘 한다고 합니다. 불감증에 빠진 우리들보다 나아요.

언젠가 『녹색평론』에서 읽었는데, 아프리카 미니버스를 사람들이 빼곡히 타고 가는데, 얼핏 더 이상 사람이 탈 자리가 없는 것 같은데 계속 사람이 타더라는 거죠. 그렇게 힘겹지만 서로 조금씩 자리를 양보해 함께 가는 그런 모습 속에 대안이 있다는 얘긴데, 저 역시 2024년 6월 쿠바 여행에서 그런 장면을 많이 보았습니다. 갑자기 1970년대 한국의 버스 생각도 나더라고요. 물론 지금도 서울 지하철에선 출퇴근 시간이 바로 그런 장면들이긴 해요. 그래서 아프리카나 쿠바 등을 가난한 나라라거나 덜 발전된 나라로 볼 게 아니라, 폐허 이후에 오히려 우리가 그렇게 살아야 한다는 힌트를 주는 사례로 봐야 할 것 같습니다.

아네테 케넬

그다음에 아네테 케넬(Annette Kehnel)이라는 학자는 중세시대 연구자인데, 『미래가 있던 자리』란 책을 냈습니다. 이 책에서 케넬은 자본주의 이전의 중세시대에 우리가 알고 있는 공유경제, 리사이클링, 클라우드 펀딩, 미니멀리즘 등등, 이런 게 다 있었다는 이야기를 합니다.

오히려 중세 속에 대안적인 아이디어가 있다는 건데, 크게 보면 『오래된 미래』와 비슷한 발상이라고 할 수 있습니다. 사실, '오래된 미래'인 라다크 마을조차 갈수록 개발 붐에 망가지는 현실을 안타깝게 고발하기도 하죠.

그래서 제 생각엔 중세 농노 해방 이후에 인류에겐 크게 두 갈래 길이 있었던 게 아닌가 합니다. 하나는 지금까지 온 것처럼 인클로저 운동과 노동력 상품화 과정을 통해서 자본주의가 지속적으로 팽창하는 경로였죠. 그리고 다른 하나는 농노 해방 이후에 자영농, 가족농, 협동농 등을 키우면서도 노동력 상품화가 아닌, 다른 방식의 사회경제 시스템을 만드는 경로가 가능할 수 있었다는 겁니다.

물론, 그렇게 되지 않은 것은 농민전쟁의 패배, 그리고 그 뒤 노동자 운동의 패배 탓이죠. 결국은 한 사회에서 압도적 다수를 차지하는 농민, 노동자, 빈민들의 자기통치, 즉 민주주의가 결여된 것이 오늘의 비참을 부른 게 아닌가 합니다. 그 배경엔 물론 사회적 힘 관계 내지 세력관계가 깔려 있죠. 즉, 풀뿌리 민초들이 힘(상상력, 조직력, 정책력, 창의력)을 키워 제대로 민주주의를 이루면 얼마든지 '또 다른 세상'을 열 수도 있는 겁니다.

헬레나 노르베리-호지

노르베리-호지는 스웨덴 출신의 언어학자인데 언어 연구

를 위해 인도 북부를 여행합니다. 그러다가 라다크 마을을 방문하게 됐는데 그 마을에서의 삶이 스웨덴보다 훨씬 미래 지향적임을 발견했죠. 그런데 시점으로 따지고 보면 라다크 마을의 방식은 옛날 방식이잖아요. 그래서 『오래된 미래』라는 역설적인 제목의 저서를 써서 세계적으로 히트를 쳤죠.

이 책은 전통적인 라다크 마을의 문화가 '오래된 미래'라는 말처럼 우리에게 대안의 힌트를 준다는 이야기를 합니다. 그러나 이 책은 동시에 그 대안적인 모습들이 세계화의 바람과 관광객 유입으로 인한 개발 붐 때문에 오히려 근원적으로 망가진다는 얘기를 합니다.

그러고 보니 저 역시 친구들과 동남아 여행을 제법 한편인데, 갈 때마다 느낀 것은 '우리의 여행이 현지의 공동체 문화를 파괴하는 게 아닌가' 하는 점이었습니다. 그냥 겉으로만 보면 우리는 상대적으로 값싸게 여행하면서 '신기한' 문화들도 경험하니까 좋고, 또 현지인들은 우리 관광객으로 인해 돈도 더 벌고 일자리도 생기고 경제가 활성화하니까 좋은 것 같습니다. 하지만 엄격히 보면 상품, 화폐, 자본이 들어가는 곳엔 언제나 공동체 파괴 내지 생태계 파괴가 동전의 양면처럼 도사리고 있어요.

이런 면에서 『오래된 미래』는 우리 같은 이들에게는 확실히 대안의 실마리를 보여 주면서도 동시에 자본주의 상품 및 화폐 관계가 확산하면서 '미래가 망가지는' 측면을 실감 나게 보여 주는 책이라 볼 수 있습니다.

『물고기는 존재하지 않는다』

미국의 과학전문 기자 룰루 밀러(Lulu Miller)가 쓴 이 책은 작가 자체보다 책 내용이 주는 함의가 더 큰 것 같아요. 물론, 밀러 개인의 삶도 보통과는 달라서 주목할 만한데, 여기서 굳이 자세히 들어가진 않으려 하고요. 중요한 건 작가의 삶과 책 내용이 매우 특이한 방식으로 연결된다는 점입니다. 긴 내용을 요약하긴 힘들지만 한 줄로 말해 보라 하면, 우리가 알고 있는 자연의 분류 체계는 틀릴 수 있다는 것이죠.

　룰루 밀러는 이 책에서 생물분류학의 대가로 1891년에서 1913년까지 스탠퍼드대 초대 학장이었던 데이비드 스타 조던(David Starr Jordan)의 삶을 추적합니다. 알고 보니 그는 미국 우생학계의 거물이었죠. 밀러의 눈에 생물을 수평과 수직의 시선으로 엄격히 분류한 것은 결국 하나의 권력 현상이었던 셈입니다. 이런 면에서 자연과학과 사회과학이 권력 개념을 매개로 상통하게 되죠.

　이렇게 생물분류학에서 어류로 지칭되는 그룹이 하나

로 묶이지 않는다고 말하는 것이 『물고기는 존재하지 않는다』입니다. 이 책과 더불어 제가 같이 보게 된 책이 『자연에 이름 붙이기』입니다. 저자가 캐럴 계숙 윤(Carol Kaesuk Yoon)이라는 분이죠. 한국계로 보입니다.

이 두 책 모두 우리가 믿고 있던 삶의 질서에 대해 근본적 의문 제기를 합니다. 우리는 대개 지구에 사는 생명체들을 어류, 양서류, 조류, 포유류…, 이런 식으로 분류해 왔는데, 이런 분류 체계에 대해 의문을 품는 책이죠. 그런데 물고기(어류)가 있느냐 없느냐 하는 문제만이 아니고, 분류학의 대가 데이비드 조던을 추적하면서 새로운 면모를 발견하죠.

흥미롭게도 룰루 밀러는 사랑하던 연인과 헤어진 뒤 실의에 젖었다가 자신의 동성애 성향을 발견하기도 하지요. 그런 이야기 과정에서 우리가 믿어 온 삶의 질서가 자신의 삶과 과학에서 동시에 흔들린다는 사실을 잘 보여 주죠.

이건 다시 자본주의 안에서 우리가 믿어 온 온갖 이론과 사상과 철학과 시스템의 원리 이런 것들이 그렇게 탄탄하고 견고한 게 아니고 얼마든 부서질 수 있고 변할 수 있는 것이라는 차원에서 이해해 볼 수 있겠죠. 특히 인간중심주의나 인간의 오만함을 버려야 기후위기와 여러 문제들을 극복하고 대안적 삶을 열어 낼 수 있다는 의미로 읽을 수 있습니다.

『우리는 지구를 떠나지 않는다』

지금까지 주로 서구 학자들에 대해 말씀드렸는데, 우리나라에도 중요한 이야기를 한 사람들이 많죠. 최근에 나온 책으로『우리는 지구를 떠나지 않는다』란 책이 있는데, 이런 제목은 일론 머스크 같은 사람들 때문에 붙은 제목이겠죠. 테슬라의 사장 일론 머스크가 우주선을 만들어 여차하면 지구를 탈출하려고 하잖아요. 1인당 수백억 달러를 내면 지구를 버리고 화성으로 탈출할 수 있는 기회를 주려는 모양입니다. 처음에는 관광 혹은 모험이 되겠지만, 사실 머스크의 장기 계획은 지구를 버리고 자기들만 생존하려는 것이죠. 지구에 핵전쟁이 터지거나 기후위기로 도저히 지구에서 인간이 살 수 없게 되면, 부자들을 위한 '노아의 방주'가 필요하다는 얘기겠죠.

그런데 이 책은 그런 게 답이 아니라고 말합니다. 우리는 지구를 떠나지 않고 살아야 하고 그러기 위해서는 여러 이론 및 실천적 아이디어가 필요하지요. 결론은 한마디로, 에코페미니즘, 즉 여성주의와 생태주의를 결합한 것에서 답을 찾을 수 있다는 겁니다.

에코페미니즘 하면 말이 좀 어렵지만, 쉽게 보면 뭇 생명을 사랑하는 거라 보시면 됩니다. 예컨대 고속도로 옆이나 철도변의 투명 방음벽에 새들이 많이 부딪혀 죽는다고 해요. 환경부 조사에서는 투명 방음벽에 충돌해 죽는 새가 하루에만도 2만 마리가 넘는다고 합니다. 매년 800만 마리가 죽는다고 하네요. 무섭지요? 새들의 홀로코스트(독일 나치가 유대인 6백만 명을 대량 학살한 것)인 셈이네요. 그것도 해마다 대한민국에서 말이죠.

이런 문제를 보고 에코페미니스트들은 새가 유리벽을 잘 알아차리게 유리벽에다 스티커를 붙이는 활동을 하죠. 그런데 아무래도 한계가 많은 모양입니다. 독수리 같은 새조차 이걸 잘 인식하지 못한다 합니다.

옛날에 스피노자가 말했다고 하죠? "내일 지구가 망한다 해도 나는 오늘 한 그루의 사과나무를 심는다"고요. 스피노자가 그런 말을 하지 않았다는 말도 있어요. 하지만 누가 말했건 나의 작은 행위가 얼마나 성공할지와는 무관하게 생명을 사랑하는 마음, 이것이 중요해요.

에코페미니즘 운동은 생태만이 아니라 정치, 예술, 농업, 돌봄 분야 등, 우리 삶 전반에 대해 근본적인 성찰을 촉구하고 있어요. 앞서도 말씀드렸지만, 마리아 미스와 반다나 시바의 '자급의 관점' 역시 매우 중요한 개념이죠. 이 책 『우리는 지구를 떠나지 않는다』역시 이기주의적인 일론 머

스크 같은 이들과는 달리, '어머니 지구'를 돌보며 함께 살자
는 단호함과 다정함을 동시에 보여 주고 있죠. 이처럼 인간
과 자연의 이분법을 비판하고, 상호 돌봄에 기초한 관계의
재구성이야말로 희망의 원천입니다. 역시 한국 책이 쉽기는
해요.

도나 해러웨이

제가 에코페미니즘의 전문가는 아니기 때문에 『우리는 지
구를 떠나지 않는다』에 인용된 학자들을 살짝 살펴보겠습
니다. 우선, 도나 해러웨이(Donna Haraway)라는 학자는 미
국 캘리포니아대 명예교수로, 우리에겐 이미 『사이보그 선
언』(1985)이나 『반려종 선언』(2003)으로 널리 알려졌죠. 핵심
개념은 우리가 '연결된 존재' 내지 '다종적 얽힘'의 산물이란
것입니다. 이 개념은 근본적으로 우리의 정신과 육체, 죽은
것과 산 것, 주체와 대상 등의 이분법을 거부하죠. 모든 게
칼로 나누듯 쪼개지지 않는다는 것이고, 모든 게 뒤섞여 있
다는 겁니다. 인간 주체와 대상 물질이 우리 몸속에 다 섞여
들어가서 지금 우리가 살아 있는 셈이죠. 그런 의미에서 '순
수한' 인간은 없습니다.

　　가만히 생각해 보면 참 맞는 얘깁니다. 우리의 살아 있

는 몸이란 것도 그 속에 죽은 것과 산 것이 같이 섞여 있네요. 그렇지 않습니까? 또, 잘 보면, 살아 있는 게 죽어 가는 과정이고, 죽어 가는 것이 사는 과정이기도 해요.

이런 관점으로 삶을 성찰하면 '다종적 얽힘' 내지 '연결된 존재'가 우리네 삶의 핵심임을 알게 됩니다. 『말, 살, 흙』을 쓴 스테이시 앨러이모의 '횡단 신체성' 개념도 도나 해러웨이의 '다종적 얽힘'과 상통해요. 결국, 이분법을 넘어 만물 일체의 눈으로 보는 것, 몸이건 성별이건 '사회적 구성물'이면서 '자연적 구성물'임을 인정하는 게 맞다고 봅니다, 세상 이치가….

로지 브라이도티

로지 브라이도티(Rosi Braidotti) 교수는 네덜란드의 여성학자로 우리에겐 『유목적 주체』나 『포스트휴먼 페미니즘』으로 잘 알려졌죠. 이분 역시 화이트헤드의 '과정 철학'의 영향을 받아, 변화, 변형, 되기를 강조합니다. 즉, 인간은 고정된 정체성을 가진 게 아닌, 늘 변화와 발전, 퇴보와 변형 중인 정체성을 지닌다고 보죠. 같은 존재도 어떤 관계를 맺는가에 따라 심하게 뒤틀리기도 하고 퇴보나 전진을 반복하기도 하죠. 특히 자본관계 속에서는 인간성이 많이 퇴보하고 있잖아요? 사실 따지고 보면 교육을 많이 못 받았던 옛날 우리 어른들이 인간적으로 인간됨의 차원에서 오히려 더 나았던 것 같습니다.

'사람 되기'의 관점에서 보면 우리가 똑똑하다, 영리하다, 계산에 밝다, 이렇게 될수록 돈을 많이 벌어 성공할지 모르지만 인간적 성숙 내지 어떤 인간됨 차원에서는 굉장히 부실해지고 있어요. 지금 정치가들이나 기업가들을 보면 거의 확실하죠. 심지어 그 옛날 좋았던 친구들도 대기업 생활을 한 10~20년 하고 나면 좀 다른 인간이 되더라고요. 그런 걸 보면 자본관계라는 게 정말 무섭다는 생각이 듭니다. 그래서 오늘의 결론은 '우리는 지구를 떠날 수 없다'가 되겠네요. 미우나 고우나 지구에 의지해서 살아야 하니까요.

강원도에 가면 오대산 월정사라는 천 년 고찰이 있지요. 그 입구엔 약 1킬로미터의 전나무숲길이 있습니다. 제가 친구들과 걷다가 딱 멈춰 선 적이 있습니다. 아마 절에서 나무들에 붙인 명구들인 것 같은데, "내가 가야 할 진정한 목적지는 '지금 여기'입니다"라는 글귀 때문입니다. 결국, '지금 여기'가 우리의 미래인 셈이지요.

5강

지구를 떠나지 않고
살아가기

드디어 마지막 강의입니다. 기억을 되살리는 차원에서 앞선 강의들을 좀 회고해 볼까요?

맨 처음엔 이론적으로 자본주의와 생태주의가 어떻게 얽히고설켜 있는지 살폈습니다. 실제로 자본주의 사회에서 상품을 생산, 판매해 이윤을 얻는 과정 전반, 그리고 소비와 폐기에 이르는 과정 모두가 생태계와 마찰을 빚을 수밖에 없는 구조라는 걸 보았지요. 불편하지만 진실입니다.

두번째 강의는 보다 구체적으로 한국의 산업화 과정이 삶의 질 차원에 어떤 영향을 주었는지를 성찰해 보는 시간 이었습니다. 이론에서 현실로 다가간 것이죠. 사람과 자연이 서로 돕고 순환하면서 다양하게 살아가면 좋은데, 그런 조건들이 산업화 과정에서 체계적으로 망가지고 있음을 인정할 수밖에 없다고 봅니다.

세번째 강의는 이제 그 모든 문제와 모순들이 오늘날 '기후위기' 형태로 집약적으로 드러나고 있음을 확인하는 시간이었죠. 해마다 어르신들이 "올해 더위는 내 평생 처음 겪은 것"이란 말과 함께 "그래도 이번 여름이 앞으로 올 여름에 비해 가장 시원한 것"이란 자조 어린 말을 하고 계실 정도죠. 이미 과학자들은 6500년 만에 '6차 대멸종'이 온다고 해요. 야생동물 멸종이나 꿀벌 개체수 급감 현상에서도 보듯, 이미 진행 중입니다. 이미 우리 삶의 과정에서도 기후위기는 '남의 일'이 아니죠. 때아닌 폭염과 폭우가 공존하고 또 농작물의 생태나 작황이 아주 혼란스러울 지경입니다. 식량난과 폭동의 시간이 올까 두렵기도 합니다.

　　그게 이제 기후위기를 중심으로 나오고 있는 현상들이라면, 사회과학자들은 자본주의가 마지막에 가면 전쟁 외엔 돌파구가 없지 않겠냐는 전망을 하기도 합니다. 왜냐하면 새로운 파이의 원천이 점점 줄어들기 때문이죠. 시장의 포화나 자원 고갈, 수질 오염 등이 문제이기도 하지만, 과학기술의 확산으로 인간 노동이 사라지고 있거든요. 이제 여러 측면에서 자본이 끊임없이 몸집을 불려 나가는 이 증식 메커니즘이 제대로 작동하지 못한다는 거죠.

　　그런 상황 속에서 자본의 돌파구는 일례로, 화성에 가

서 새 공장을 지어 돈을 벌든지 아니면 지구 안에서 해결해야 합니다. 지구 안에서 해결하는 방법은 있는 것들을 합법적으로 부수는 건데, 그 방법이 전쟁이라는 거죠. 전쟁 분위기를 만들어 '전시 체제'를 통해 한편으로 노동의 군기를 잡고 다른 편으로 새로운 소비를 창조하면 자본의 이윤 획득이 또 지속될 것이다, 이렇게 보는 거죠. 무서운 시나리오입니다.

이 두려움이 결코 근거 없는 게 아니란 사실을 미국이나 유럽의 선거들이 잘 보여 줍니다. 미국에서 트럼프가 인기를 얻고 마침내 대통령으로 당선된 일이나 유럽에서 극우파들이 의회 선거에서 20~30%를 차지하는 게 바로 그 증거입니다. 근본적으로는 자본관계가 문제인데, 사람들은 외국인이 문제라며 '희생자 나무라기'를 하지요. 이 극우파의 선전 선동이 한 걸음 더 나가면 전쟁이 터지는 겁니다.

기후위기나 생태 재앙이건 전쟁 발발이건 더 이상 지구에서 살기 힘들어지면 이제 일론 머스크 같은 이들은 우주선을 타고 지구에서 도망가려 하지요. 하지만 평범한 사람들은 『우리는 지구를 떠나지 않는다』라는 책처럼 미우나 고우나 지구에서 살아야죠.

이런 맥락에서 오늘 마지막 강의의 결론은 '지구를 떠나지 않고 같이 사는 방법'을 함께 고민해 보자는 것입니다. 어쨌든 그렇게 하려면 개인적으로나 사회적으로 다양한 아이디어와 실험과 변화들이 나와야 한다고 생각합니다.

오늘 마지막 시간은 크게 두 부분으로 나눠 보겠습니다. 첫 부분은 아무래도 우리가 대안을 만들기 위해 어떤 원칙들이 필요한가에 대해 한번 정리해 보고요. 후반부는 그런 원칙들에 근거한 실질적 변화를 위해 우리가 개인적으로나 사회적으로 해야 할 일들에 대해 정리해 보는 것입니다.

공감할 수 있는 원리

그러면 이제부터는 기후위기로 상징되는 오늘날 삶의 위기를 솔직하게 인식 내지 진단하고 그 위에서 이 문제를 해결하는 데 필요한 지혜를 찾을 때 우리 모두 공감할 수 있는 원리들, 경향들을 같이 한번 정리해 볼까 합니다. 제가 화이트보드에 적어 볼 테니까 한 분씩 편안하게 말씀을 해보시죠.

네! 좋습니다. 예를 들면 그런 거죠. '생활이 편리해질수록 전기를 더 많이 쓰더라'는 것. 또, '돈을 많이 벌수록 인간관계가 소원해진다'고 할 수 있네요. 이런 원리들은 우리가 살아가는 과정에서 수시로 확인할 수 있는 것들이죠? 어떻습니까?

돈 많이 벌수록 인간관계가 더욱 친밀해집니까? 불행히도, 아니죠. 네, 친밀하게 지낼 시간마저 없어진다고 해야 맞죠? 사실, 죽이 되건 밥이 되건 집에서 친구들 불러 같이 밥 먹는 거랑 편하게 식당에 가서 먹는 거랑 뭔가 느낌이 다르잖아요. 저 자신도 예외는 아니에요. 이상하게 편한 쪽을 택하다 보면 뭔가 상실되는 기분이 듭니다. '편리해질수록 뭔가 상실되는 느낌이 든다'는 것, 이 역시 중요한 원리라 생각됩니다.

정보통신 기술(ICT)이 발달할수록 서로 연락은 잘 되지만 소통의 친밀성이나 깊이는 약해지는 경향도 있네요. 옛날에는 친구나 연인에게 편지 쓰고 이렇게 할 때 어떤 절절한 마음이 있었는데, 이제는 통신이 편리해질수록 오히려 깊은 마음의 공감이나 소통이 잘 안 되는 것 같습니다. 이 이야기도 굉장히 중요한 포인트네요.

비슷한 차원이지만 속도는 어때요? 한국 사회의 별명이 '빨리빨리'라고들 하는데, 정말 속도는 빠릅니다. 인터넷도 빠르고, 택배도 빠르고, 은행이나 우체국 직원들이 일하는 속도도 빠르죠. 외국 가면 속이 터질 정도거든요. 이걸 좀 달리 보면, '속도가 빨라지면서 에너지나 연료 소모의 증대로 온실가스가 증가한다'는 원리도 보이네요. 또, 우리가 보는 동영상이라든지 휴대폰의 속도라든지 또 KTX로 상징되는 교통운송 분야의 속도라든지 속도가 높아질수록 우리 삶이 어떤 것 같습니까? 네! '속도가 빠를수록 이상하게 더 바빠진다.' 그렇죠? 실은 여유가 많아져야 하는데, 현실은 거꾸로 갑니다.

같은 맥락에서 '효율이 높아질수록 삶의 여유가 사라진다'고 할 수 있죠. 그러니까 원리상으로는 예전에 하루 종일 걸리던 일을 1시간 만에 해치운다면 나머지 시간은 여유로워야 하는데 나머지 시간에 또 하루 종일 할 일이 주어집니다. 저도 계속 그런 걸 많이 느낍니다. 예전 같으면 일주일 동안 고민해서 써야 할 글을 2~3일 만에 쓸 수 있죠. 그럼 나머지 며칠 동안은 여유로워야 하는데, 금세 또 다른 일감이 와요. 사회 전체가 그런 식입니다. 마치 딴생각을 하지 못하게 하려는 듯 말이지요.

그 지점에서 어쩌면 거부할 수도 있는데 실은 거부하기 어려운 상황들이 있죠. 미칠 노릇입니다. 이게 자본주의죠. 노동력을 제공하고 임금을 받아야 사는 자본관계에선 주어진 업무를 거부하기 어렵거든요. 설사 자영업이라 해도 자유는 없어요. 상황에 맞춰 살아야 하죠. 그러고 보니, '사회 전체가 그러면 나 혼자 자유롭기 어렵다'는 원리도 있네요.

다른 편으로, 자원 사용은 어떨까요? '선진국이 될수록 자원을 더 많이 쓴다'가 맞죠? 그렇네요. 선진국이란 것이 결국은 자원을 많이 쓰고 많이 버리는 나라가 되네요. 제가 지금 선진국을 억지로 나쁘게 유도하려는 건 아닙니다. 실제 현실을 정직하게 보자는 얘기죠.

요컨대, '선진국이 된다는 건 소득 수준이나 생산력이 올라가고 삶이 편리해지는 것, 그런데 결국 자원을 더 많이 쓰는 것'이라고 할 수 있네요. 달리 말해, '잘 살기 위해 열심히 일하는데, 오히려 삶의 질은 더 나빠진다'고 할 수 있습니다. 이런 것들이 우리가 자본주의와 생태주의에 관해 발견할 수 있는 원리, 모두 공감할 수 있는 원리라는 겁니다. 그 외에도 더 있을까요?

네, 또 있네요. '인간관계가 안 좋아질수록 일을 더 많이 하게 된다.' 이것도 중요한 발견입니다. 자본주의는 일을 열심히 하는 사람을 칭찬하죠. 그래서 가족관계나 친구관계가 좋지 않을수록 사람들은 사회적 인정을 받고자 더 일을 많이 하는 경향이 있어요. 그러다 보면 자기도 모르게 일중독에 빠져들어요. 흔히 사람들이 "일을 하고 있으면 이상하게 마음이 편해진다"고 하는 것도 일이 마약 역할을 하기 때문이죠. 자본주의는 성과주의 사회니까요.

이렇게 자본주의에선 '일이 괴로움의 회피 수단이면서 동시에 사회적 인정과 기쁨의 원천이기도 하다'가 맞겠네요. 이 역시 중요한 발견이죠. 제가 『중독 공화국』이란 책에서도 일중독이 다른 중독들처럼 두려움이나 공허감을 회피하는 수단이자 '인정 욕망'의 충족 수단이 되어 상호 악순환한다고 봤습니다. 집에 있는 것보다 '직장 나간다' 그러면 그럴듯하니까, 일이 어떤 면에서 진통제가 되기도 하고 흥분제가 되기도 하죠.

또 다른 원리로, '오염을 많이 시키는 이들이 피해를 덜 본다'는 것도 보이네요. 예리한 지적입니다. 역으로, 오염을 적게 만드는 사람들, 가난한 사람들이 기후위기나 오염의 피해를 더 많이 보는 '사회적 불의'가 존재합니다. 재난의 불평등이죠. 그래서 '생태 정의' 개념도 나오는데, 기후위기를 초래하는 데 원인 제공을 많이 한 사람이나 조직들이 더 많은 책임을 져야 한다는 것이죠. 앞서 말한 일론 머스크 같은 이들이 더 많은 책임감을 느껴야 해요.

아, 재미있는 포인트도 있네요. '진짜 문제는 이런 고민을 하는 사람만 고민한다'는 원리 내지 경향이죠. 만일 이런 고민을 대다수가 하면 좋은데, 늘 고민하는 사람만 고민을 해요. 아무 고민이나 문제의식 없이 그저 열심히 살 뿐이라 생각하는 이들은 오직 돈벌이만 생각하는 경향이 있어요. 이게 정말 큰 문제입니다.

예를 들어 생태적으로 살고 싶어 하는 사람들이 전체를 보았을 때 약 2%라고 하더라고요. 그게 20년 전에도 2%였고 10년 전에도 2%였고 지금도 2%라면 사실 그 많은 사람들이 그 좋은 이야기들을 나누고 서로 고민하고 하지만, 또 삶에 대한 고민을 하는 책들이 굉장히 많이 팔리곤 하지만, 현실은 별 변화가 없다는 얘기죠. 실제로, '정작 바뀌어야 하는 사람들은 관심조차 없다'는 게 정말 문제죠. 이것이야말로 우리가 머리를 싸매고 함께 토론해야 할 주제입니다. 결국은 또 사회적 세력관계, 즉 힘 관계로 돌아가게 되네요.

성급하게 결론을 내리기 전에 '정작 바뀌어야 하는 사람들은 관심조차 없다'는 이야기를 좀 더 구체적으로 볼까요? 일례로, 광양과 하동 사이를 흐르는 섬진강에 지금 계속해서 염해가 있다 합니다. 한편에선 바닷물 수위가 높아지고 다른 편에선 섬진강 물이 딴 데로 빠지는 바람에 강물의 양이 급감해 강물에 짠 기운이 많아진다는 거죠. 하동참여자치연대 최지한 대표에 따르면, 섬진강 상류에서 이미 섬진강댐에 갇힌 물이 동진강 유역으로 빠져나가고 중하류인 하동 인근 다압취수장으로 하루에만도 최대 40만 톤의 물이 빠진다 해요. 그래서 원래 흘러야 할 강물의 92%가 소실되고 8%만 바다로 흘러가는 실정이라 합니다. 그 정도로 섬진강 물이 메마르면서 대신 바닷물이 많이 밀려드는 셈이죠. 이제는 섬진강이 아니라 '섬진바다'라 불러야 할 정도라는 자조 섞인 말도 나올 정도래요. 그래서 결국 재첩 같은 생물 생태계에도 피해가 크다고 합니다.

그런데 어떤 분들은 이런 걸 모른 채, 섬진강 물이 광양 등지의 공업용수나 농업용수로 빠져나가는 걸 엄청 자랑스럽게 얘기해요. 그렇게 강물을 활용하면 공장이 더 잘 돌아가 일자리가 생기고 소득이 오르고 수출을 해서 달러도 벌어들이니 좋다는 얘기죠. 그냥 흘러가게 놔두는 것보다는 그렇게 활용하는 게 훨씬 잘하는 일이라 보는 거죠.

얼핏 맞는 말인데, 지금까지 우리가 자본주의와 생태주의를 함께 공부한 결과 이야기할 수 있는 것은, 바로 그런 태도야말로 '자본의 내면화'가 낳은 결실이란 점입니다. 달리 말해, 여태껏 우리가 배운 자본주의 경제 논리로 보면 처음부터 끝까지 맞는 말로 들립니다. 그러나 결국 그 도시화나 산업화라는 것도 기후위기, 불평등, 생물다양성 감소, 전쟁

위험 등의 문제로 귀결되고 있으니 근본적 성찰을 요구합니다. 그래서 생태적으로 지속 가능하게 살기 위해서라도 자본 내지 자본주의에 대한 문제의식을 고양할 필요가 있죠.

또 어떤 분들은, 자본주의가 인간 욕망을 정확히 간파해서 만들어진 거의 절대적인 시스템이라 하기도 해요. 그런데 저는 이런 시각 역시 '자본의 내면화'가 낳은 결과라 봅니다. 실은 자본의 내면화 이전에 자본주의라는 거대한 권력관계 앞에 말할 수 없는 '좌절감'을 깊이 느낀 결과라 해야 옳습니다. 실제로 그렇죠. 과연 몇몇의 깨어난 사람들이 이거대한 자본주의 시스템에 균열을 내봤자 뭘 할 수 있겠습니까? 이 절망감, 패배감, 좌절감이 곧 자본주의는 어쩔 수없어, 아니 자본주의는 인간 욕망에 가장 부합할지도 몰라, 이렇게 되는 거죠.

여기서 두 가지 얘기를 보태고 싶네요. 하나는 여기서 말하는 인간 욕망이란 이기주의, 물질주의, 소유욕, 탐욕 등이라 봅니다. 그런데 과연 원래 인간이 그런 존재일까요? 아니면 자본주의 사회 속의 인간이 그런 마음을 먹기 쉬운 걸까요? 저는 후자라 생각합니다. 실은 우리 마음속엔 이기심과 이타심이 다 있습니다. 문제는 사회적 관계나 상황이 어떤가에 따라 이기심이 더 튀어나올 수도 있고 이타심이 발휘될 수도 있죠. 우리는 이기적인 경쟁을 하다가도 뭔가 뜻깊은 일을 위해선 선뜻 마음을 열기도 하잖아요. 좀 더 깊이 보면 가장 이타적인 것이 가장 이기적인 것과 통하기도 해요. 일례로, 남을 돕는 것이 결국 나에게 이롭게 되거든요. 앞선 강의에서 말한 자－타 이분법의 극복 내지 불이사상 같은 게 바로 이런 이치인 셈이죠.

다른 하나는, 만일 그런 식의 태도들(이기심, 탐욕 등)이 '자본의 내면화'의 결과라면, 이걸 탈내면화로 바꾸는 방법이 무엇인가, 하는 문제입니다. 실은 그래서 제가 '탈자본'의 문제의식을 강조하는데요, 탈자본과 동시에 생태민주 내지 생명 지향성을 같이 강조합니다.

탈자본 내지 탈내면화가 필요한 이유는 당연히도 나와 이웃이, 그리고 지구가 '생존'을 지속하기 위해섭니다. 이 존재론적 위험만큼 시급한 게 있겠어요? 살아야 하거든요. 우리가 하는 모든 것이 다 '살려고' 하는 것이지 '죽으려고' 하는 건 아니잖습니까? 그런데 실제 우리 현실을 보면 모두 죽으러 가는 것 같아요. 고 김종철 선생님은 『간디의 물레』를 쓰시면서 우리가 "집단자살체제"에 살며 또 그 체제를 만들고 있다고 개탄하셨지요. 그러니까 큰 흐름을 '직시'하는 게 우선이죠. 그다음부터는 민주적 토론으로 건강한 방식들을 스스로 만들어 가면 됩니다. 그래서 저는 정직성과 민주성만 있다면 탈자본, 탈내면화는 시간문제라 봅니다.

'나부터' 실천 — 개인적 차원

이제 우리 모두 공감할 수 있는 원리 내지 이치를 찾았으니, 그 위에서 개인적으로나 사회적으로 할 수 있고 또 해야 하는 실천적인 문제들을 이야기하면 좋겠습니다.

우선, 개인적 실천 차원부터 볼까요? 제가 부끄럽지만 『나부터 교육혁명』이나 『나부터 마을혁명』 등의 책을 통해 '나부터' 혁명을 강조한 지 20년이 넘었네요. 그 사이에 제 아이디어나 실천에 공감하는 분들도 제법 많았지만, 불행히도 세상은 그리 많이 나아진 것 같진 않아요. 그럼에도 저는 여전히 '나부터' 혁명이 중요하다고 믿습니다. 몇 가지 근거가 있죠.

첫째, 세상을 바꾸기보다 '나부터' 바꾸기가 훨씬 접근하기 쉽거든요. 많은 분들이 이렇게 말하죠. "아무리 '으쌰으쌰' 하며 노력해도 작은 것 하나 해결 못 하네. 이제 그만 지쳤어요." 그때 누군가 이렇게 말했어요. "나를 바꾸자, 세

상을 바꾸려 하기보다 가까운 내 주변부터 바꾸자." 이런 말
이 확~ 와닿는 순간이 있습니다. 여러분은 어떠신가요?

　둘째, 따지고 보면 세상을 바꾸는 것도 '나부터' 시작해
서 '더불어' 가다 보면 어느 순간에 '폭발적' 변화가 오게 되
는 것이거든요. 크게 보면 위로부터의 변화와 아래로부터의
변화가 맞물려야 세상 변화가 완성되지만, 근본 토대는 역
시 나부터, 아래로부터의 변화입니다. '1인 시위'의 원조, 애
먼 헤너시(Ammon Hennacy, 1893~1970) 선생의 명언이 있죠.
"내가 이렇게 시위를 하는 것은 이걸로 당장 세상이 바뀐다
고 생각해서가 아니다. 나의 시위는 적어도 세상이 나를 바
꾸진 못할 것임을 스스로 확신하는 것이다." 이런 취지의 말
이죠. 정말 멋지죠? 또, 하버드대 정치학과 에리카 체노웨
스(Erica Chenoweth) 교수의 '3.5% 법칙' 역시 나부터, 아래로
부터의 운동을 지지하고 있지요. '3.5% 법칙'이란 에리카 체
노웨스 교수가 반정부 시위(비폭력 저항)에 대한 자료들을
모아 2012년에 『시민저항은 어떻게 작동하는가』에서 발표
한 것으로, 1900년대부터 2000년대까지 비폭력 시위를 분
석한 데이터에 따르면, 국민의 3.5%가 시위에 지속적, 비폭
력적으로 참여할 때 시민들이 성공하고 정권은 퇴진할 확률
이 매우 높다는 얘기죠. 우리나라 2016년 촛불혁명도 이 법

칙이 잘 들어맞는다고 합니다.

셋째, '나부터' 변화하고 실천하지 않으면, 구조나 지배층에 문제가 있을 때 비판이나 저항을 하더라도 그 손가락에 '힘'이 들어가지 않거든요. 만일 '나부터' 실천을 하고 있다면, 그 비판이나 저항에 힘이 실리게 됩니다. 스스로 떳떳하기에 별로 흔들리지 않고 건강한 비판과 문제제기를 일관되게 할 수 있죠. 좀 쑥스럽지만, 많은 분들이 저더러 "말만하는 게 아니라 실천을 하는 사람"이라고 얘기하십니다. 그래서 제가 비판적인 의견을 내놓아도 함부로 트집을 잡진못해요. 여전히 부족한 저이지만 이런 게 진실의 일면을 말해 줍니다.

그래서 저는 이런 마음으로 '나부터' 그리고 '더불어' 실천하면 좋겠습니다. 그것은 우리가 무슨 실천 또는 사회운동에 참여하더라도, '우리가 반드시 이길 것이기 때문에 하는 것이 아닌, 이 길이 옳기 때문에 하는 것'이라는 태도가필요하다고 생각합니다.

다음으로 저는 세상 변화는 너무나 더디지만 그래도 변화가 이뤄진다는 믿음 또한 중요하다고 봅니다. 만일 아무리 해도 변화가 없으니 그냥 아무 생각 없이 살자는 식으로간다면, 아마도 세상은 더 빨리 망가지겠죠. 그래서 주변을 둘러보면, 세상 곳곳에서 나름 열심히 사는 분들이 많다는 걸 알 수 있습니다. 바로 이런 분들이 희망의 근거입니다. 그리고 나 역시 그 일부가 되면 희망은 더 커지겠죠. 그래서 종교에서만이 아니라 사회운동에서도 믿음, 소망, 사랑이 중요하다고 봅니다.

물론, 우리 주변엔 이미 가치관과 습속이 너무 굳어 있어서, 아무리 말하고 설명하고 설득하려 해도 '못도 안 들어가는' 사람들이 많습니다. 그럴 때 저의 방법론은 그런 분들을 억지로 끌고 가려 하면 안 된다는 겁니다. 자칫 내가 먼저 지치고 진이 다 빠지기 쉽거든요. 오히려 마이너스입니다. 그것보다 비교적 마음 맞는 사람들끼리라도 서로 기운을 북돋우면서 재미있고도 의미 있는 활동을 하나씩 하는 게 훨씬 낫습니다.

그렇게 마음 맞는 이들끼리 재미나게 웃고 떠들다 보면, 아무 생각이 없는 사람들도 "뭐가 그리 재미있느냐?"고 물으며 관심을 보일 때가 있습니다. 만일 그런 경우라면 배척하지 말고 작은 것부터 참여하게 문을 열고 마음을 열어 환대하는 게 좋겠죠. 그렇게 하나씩 실천하면 됩니다. 그래야 에너지가 소진되지 않고 오래갈 수 있어요.

그런데 마음이 맞는 사람들끼리라 해도 가끔 '안 맞는'

경우가 있지요? 그럴 때마다 제가 드리고 싶은 말씀은, '우리 모두는 어떤 식으로건 상처받은 존재들'임을 기억하자는 겁니다. 너나 할 것 없이 '모두' 그렇다는 거죠! 그래서 우리는 늘 동료나 이웃의 상처를 감싸 주며 위로하는 사람이 되도록 노력할 필요가 있습니다. 비록 잘못된 세상이 우리를 피해자로 만들었지만, 나와 우리는 늘 피해자로만 머물러 있을 수 없거든요. 그렇게 되면 피해의식이 우리를 사로잡아 우리가 그 포로로 되고 말지요. 그런 덫에서 해방되는 방법은 피해자 스스로 위로자, 격려자로 바뀌고 나아가 세상을 바꾸는 활동가, 혁신가로 거듭나는 겁니다.

그러면서도 우리 각자가 '나부터' 실천할 수 있는 게 많습니다. 특히, 기후위기와 관련해서 우리가 할 수 있고 해야 하는 게 제법 많아요. 일례로, 저는 아침마다 생태화장실에서 똥오줌을 따로 받습니다. 똥은 똥대로, 오줌은 오줌대로 거름통에 따로 모으면 훌륭한 거름이 됩니다. 물론 오줌은 오줌통에서 똥은 거름간에서 잘 삭혀야지요. 오랜 시간이 지나 고슬고슬한 퇴비가 되면 텃밭에 뿌려 줍니다. 좋은 거름이 되지요. 이것이 상추나 풋고추, 깻잎, 호박 같은 작물들을 키워 줍니다. 결국, 밥이 똥이 되고, 똥이 밥이 되는 순환 고리가 완성되지요. 생태화장실이 좋은 점은 물과 전기를 아낀다는 점이죠. 우리가 변기물을 한 번 내릴 때마다 10리터의 물이 내려간다 해요. 500밀리리터짜리 물병 20개 분량이니 많은 양입니다. 하루에 한 번도 아니고 여러 번, 그리고 1년 365일을 곱해 보면, 엄청난 물인데, 이걸 몽땅 절약하는 겁니다. 그만큼 전기도 덜 쓰고요. 게다가 똥오줌을 퇴비로 쓰니까 하천이나 강, 바다를 오염시킬 우려도 적어집니다. 제가 이런 생활을 한 게 1999년부터이니 벌써 25년이 넘었네요. 그간 제가 절약한 물 값만 해도 제법 많겠는데요?

그런데 아파트에 사시는 분들은 저처럼 하기 어렵기 때문에 아파트 단지 안에 생태화장실을 군데군데 만들면 어떨까 상상을 해보기도 합니다. 아니면, 아파트에 설치된 대형 정화조로부터 똥과 오줌을 잘 분리해 퇴비로 만들어 흙으로 돌리는 방법이 없을까, 이런 고민을 해보기도 하고요. 저는 대학생 제자들에게 그런 식의 연구를 많이 하면 좋겠다는 바람을 많이 말했습니다. 아직 이렇다 할 성과는 없지만요. (웃음)

다음으로 저는 빗물을 재활용합니다. 지붕에서 떨어지는 빗물을 커다란 통에 잘 모았다가 걸레를 빨거나 오줌통을 헹굴 때 잘 씁니다. 그리고 매일 텃밭 작물에 물을 조금씩 줄 때도 이 빗물을 활용합니다. 손에 묻은 먼지나 흙을 씻어 낼 때도 이 빗물이 매우 유용합니다. 그러다 보니 날씨에도 예민하고 특히 가뭄 뒤에 비가 오면 정말 감사하게 생각하지요.

저는 철학적으로 '존재에서 관계로' 변화하는 게 매우 중요하다고 보는데, 그 연결고리가 '감사'라고 생각합니다. 뭔 말이냐 하면, '나'라는 존재에겐 생존도 중요하고 성장이나 성숙도 중요한데, 그렇게만 보면 이기적인 존재가 되거나 강자가 되려 하죠. 제가 학문적으로 중시하는 '강자 동일시' 개념도 이것과 연관이 있습니다.

그런데 만일 내가 내 존재 자체에 대해 감사하고 또 내 존재를 가능하게 해주는 지구는 물론 타인들에게 감사함을 느끼는 순간, 나는 지구와 사람에 대한 '책임감'을 가진 존재로 거듭납니다. 한마디로, '관계'가 형성되는 순간이지요. 여러분도 그런 순간들을 경험하지 않나요?

저 같은 경우는, 아침마다 똥오줌이 잘 나오면 정말 감사하게 생각합니다. 빗물에도 감사하고요. 텃밭의 지렁이를 보면 정말 반갑고 감사하죠. 그렇게 되면 내가 이런 존재들에 대해서도 '함부로' 할 수 없음을 느낍니다. 오히려 소중하게 여기게 되죠. 권정생 선생님의 『강아지 똥』에 나오는 민들레와 강아지 똥 사이의 관계처럼, 서로가 서로에게 소중한 존재가 되는 것이죠. 그런 '관계 속의 존재'로 거듭나는 것이 저는 세상의 희망이라 여깁니다.

텃밭에는 상추나 풋고추 외에도 부추, 파, 방풍나물, 당귀, 머위 같은 푸성귀가 자랍니다. 아는 분들에게 하나씩 얻기도 하고 모종을 사기도 합니다. 아내가 3년 전에 아스파라거스 씨를 사다 심었는데, 이제는 하나씩 잘라 먹기도 합니다. 텃밭 한 켠엔 감나무나 꾸지뽕, 뽕뽕나무를 심었는데, 아직 감은 달리지 않지만, 공기 중의 이산화탄소는 조금이라도 흡수하리라 믿습니다. 풀과 씨름하는 건 농사짓는 분들에겐 늘 골칫거리인데, 저는 가능하면 낫이나 야자매트를 활용합니다. 예전엔 예초기를 썼는데, 무겁기도 하지만 가능하면 매연가스를 뿜지 않으려 합니다. 정답은 없지만, 가능한 한 '자연 농법'으로, 제가 만든 개념으로는 '채집 농법'으로 가려 합니다. 어차피 전문 농사꾼은 아니니까 재미삼아, 운동 삼아 해보자는 겁니다. 그리고 『향모를 땋으며』를 쓴 키머러 교수의 '받드는 거둠'이란 말처럼, 자연이 준 것을 감사히 여기며 또 땅을 잘 보살피며 그렇게 (수렵은 못하지만) 채집 경제 식으로 하려 하니 오히려 마음이 편합니다. '조금 먹고 조금 싸자'는 제 소신에 맞기도 하고요. (웃음)

그리고 저의 또 다른 실천은 샤워를 해도 가능하면 샴푸나 린스 같은 건 안 쓰고 빨랫비누나 세숫비누를 쓰는 겁니다. 비누 없이 할 때도 많고요. 그리고 머리를 말릴 때는 부채나 책받침을 씁니다. 까짓것 드라이기에 전기가 얼마나 닳을까, 하겠지만, 전기세가 아까워 그러는 건 아닙니다. 그저 전기를 덜 쓰는 게 좋겠다는 생각뿐입니다.

전기로 따지자면, 저희 집엔 태양광 발전(3킬로와트)을 합니다. 월평균 300~400킬로와트의 전기가 생산되는데 실제로 저희가 쓰는 전력량은 그 절반에 불과합니다. 당연히 전기세는 0원이고, 오히려 전기가 남아돌지요. 그래서 드라이기를 써도 전기세는 0원인데 그래도 이상하게 부채만 써도 충분하더라고요. 게다가 드라이기에선 전자파가 굉장히 강하게 나온다 하지 않습니까? 가전제품은 분명히 편리한 점은 있지만, 전기도 많이 쓰고 다른 부작용도 많은 것 같습니다. 그래서 가능하면 적게 쓰려는 것이 저의 소신입니다.

그리고 저나 아내나 새 상품을 사기보다 '아나바다' 내지 '당근마켓'을 잘 활용합니다. 물론, 농산물은 가족이 '한살림' 회원으로 좀 비싸도 유기농 생산자를 살리는 방향으로 이용하고요. 그래서 농산물은 새것으로, 공산품은 주로 중고를 이용하는 편입니다. 예전에는 동네를 다니다가 책상이나 걸상이 버려져 있으면 주워서 잘 고쳐 썼습니다. 집에 전동 드라이버 하나만 있어도 그런 것 고쳐 쓰는 건 일도 아니지요. 돈을 절약하는 것도 있지만 나무를 아끼는 것도 있고요. 더 좋은 것은 스스로 고치거나 만들어 쓴다는 것이 주는 기쁨이죠. 모든 걸 돈으로 해결하는 것은, 얼핏 간편해서 좋긴 하지만 다른 한편으로 돈에 대한 의존도가 높아지면서 또 스스로 할 수 있는 자율 역량이 쪼그라드는 치명적 단점도 있어요.

또, 해마다 여름이면 집집마다 에어컨을 켜야 하는데, 저희 집엔 에어컨이 없습니다. 선풍기만 해도 족합니다. 구닥다리 선풍기를 쓰다가 몇 해 전에 큰마음을 먹고 좀 큰 선풍기를 하나 샀습니다. 가정에서 쓰는 것치고는 좀 큰데, 에어컨보다 나은 것 같습니다. 가능한 한 자연 바람을 많이 쐬면 시원하고요, 도무지 안 될 때는 선풍기를 켰지요. 그것도 안 되겠다 싶으면 욕조에 물을 받아 시원한 물속에 한참 앉아 있는 게 큰 도움이 되더라고요.

사람들은 제게 묻습니다. 그러면 자동차도 없냐고요. 있습니다. 아내랑 둘이서 나눠 쓰는데, 꼭 필요할 때만 씁니다. 제가 사는 마을에선 인근 도시로 가는 시외버스를 탈 수 있습니다. 그래서 시간만 허락된다면 시외로 갈 때는 대중교통을 활용합니다. 아주 바쁘거나 교통편이 연결되지 않을 경우엔 어쩔 수 없이 자동차를 씁니다. 그리고 할 수만 있다면 카풀을 활용합니다. 제가 다른 분을 태울 때도 있고, 제가 얻어 타고 갈 때도 있습니다. 방향이 같거나 비슷하다면 그게 서로 좋더라고요. 여럿이 같이 이동하면서 얘기를 나눌 수도 있고요. 그런 것도 작은 공동체가 됩니다.

이런 식으로 삽니다만, 저 역시 모순투성이입니다. 갈수록 '일관성'이 중요하다고 생각하게 됩니다. 기후위기와 관련해서도 여러 아이디어들이 나오는데, 스스로도 일관성을 유지하지 못할 땐 좀 괴롭습니다. 예를 들면, 자동차가 가장 걸립니다. 생각 같으면 자전거와 두 다리를 활용해 이동하면 좋겠는데, 무엇보다 시간이 허락지 않습니다. 다른 사람들과의 약속 시간이나 관계도 중요하고요. 산골에서 혼자 산다면 몰라도 두루 섞여서 살자니 그런 점들이 많죠. 식사도 가능하면 채식을 선택하는데, 살다 보면 육식을 할 때도 많습니다. 여럿이 같이 어울릴 때는 '나 홀로' 그러기가 어렵죠. 그래도 '경향적 채식주의자'가 되는 건 비교적 쉽습니다. 여러분께도 권해 드리고 싶네요. 무엇보다 뱃속이 편해집니다. 세상에도 이롭고요.

이렇게 제 나름 '나부터' 할 수 있는 실천을 하는데, 이 모든 게 '과연 무엇이 행복일까?'라는 질문과 연결되어 있다

는 생각입니다. 이렇게 실천하면서 스스로 행복하면 된 것
이지요. 물론 조금씩 해보면서 더 나은 걸 찾아나가기도 합
니다.

'나부터' 실천 – 사회적 차원

한편, '나부터' 실천이긴 하되, 개인적 차원을 넘는 '사회적
차원의 실천'도 있습니다. 무엇보다 다른 사람들과 함께하
거나 아니면 사회 전반의 변화를 위한 제 나름의 노력도 중
요하다고 생각합니다.

우선, 다른 분들과 함께하는 실천으로는, 우리나라 최고
의 생태교양지인 『녹색평론』을 들 수 있습니다. 제가 사는
하동에서도 '녹색평론 독자모임'을 만들어 같이 읽고 토론
하고 있습니다. 매월 마지막주 수요일 저녁에 모입니다.

원래 『녹색평론』은 1991년 겨울부터 격월간지로 나왔
습니다. 고 김종철 선생께서 한편으로 생태주의 문제의식을
가진 교양지의 필요성 때문에, 그리고 다른 한편으로는 그
런 의식을 가진 사람들이 교류하고 성장하는 구심점의 필요
성 때문에 만들기 시작한 것이죠. 경제적으로 어려움이 많

지만 고집스럽게 30년 가까이 내셨고, 2020년 여름에 별세하신 뒤 따님이 이어 가고 있습니다. 더 많은 회원이나 후원자가 『녹색평론』과 함께하면 좋겠습니다.

저는 우리나라가 아무 희망이 없다고 느껴질 때마다 지난 호 『녹색평론』을 아무거나 꺼내 그중 한 꼭지 글을 읽습니다. 그러고 나면 뭔가 새 힘이 솟는 걸 느낍니다. 혼자도 좋지만, 모임에 가서 다른 좋은 분들과 나눠 읽고 서로 중요하다고 생각하는 내용들을 공유하고 또 생각이 다른 부분들을 토론하다 보면 저도 모르게 생각이 자라는 걸 느낍니다. 더 중요한 것은 책을 매개로 해서 비슷한 고민을 하는 분들과 친밀한 관계를 형성할 수 있다는 점이죠.

둘째로, 저는 고병권 선생님이 쓴 『고병권의 『자본』 강의』라는 두꺼운 책(1280쪽 분량)을 여러 사람들과 함께 읽고 있습니다. 처음엔 남해에서 시작했습니다. 하동에서도 같이 공부하면 좋겠다 해서 하고 있고요. 그 사이에 서울의 문화공간인 길담에서도 같이 읽고 있습니다. 그리고 또 그 사이에 남해에서 또 다른 분들이 읽고 싶다 해서 같이하고 있습니다. '백수가 과로사한다'는 말처럼 제가 퇴직 이후에도 은근히 바쁩니다(웃음).

『자본 강의』는 고병권 선생님이 풍부한 인문학적 소양

을 바탕으로 마르크스의 『자본 I』을 비교적 쉽게 풀어쓴 것입니다. 원래 12권으로 나온 책을 하나로 묶어 내는 바람에 글자도 작아지고 책도 무거워졌습니다. 그래서 혼자 읽기가 무척 버겁습니다. 그러나 함께 읽기로 결심하고 1년만 견디면서 꾸준히 읽어 내면 우리가 사는 자본주의 사회가 어떤 시스템인지 좀 제대로 알게 됩니다. 일단 세상을 알아야 우리 스스로도 어떻게 살지 제대로 알 수 있거든요. 이런 뜻에서 『자본 강의』를 공부하는 것은 내가 내 삶의 주인공이 되기 위한 필수 과정입니다.

생각해 보면, 우리가 초등학교에서 대학교에 이르기까지 했던 공부는 사실상 취업을 위한 것이었죠. 반면, 인생을 위한 공부는 거의 없었습니다. 감히 말하건대, 인생을 위한 공부는 자본주의를 제대로 공부하는 과정에서 자연스레 된다고 생각합니다. 지금까지 우리네 인생은 '어떻게 하면 자본주의에 잘 적응하여 성공할 것인가?'의 문제였죠. 그러나 앞에서도 보았지만, 그것은 (내가 내 삶의 주인공이 되는) '참된 인생'이 못 됩니다. 자칫, 자본의 톱니바퀴처럼 살다가 쉽게 교체되거나 아니면 고장 나 폐기되는 부품에 불과한 인생이 되기 쉽습니다.

결국, 자본의 부속품이 아닌, 자기 인생의 참된 주인공으로 살기 위해서라도 자본주의 공부를 시작해야 합니다. 실은 이 책의 내용인 '기후위기 시대, 자본주의와 생태주의 다시 보기' 역시 자본주의 공부의 일부입니다. 보다 체계적으로 자본주의를 공부하려면 고병권 선생님의『자본 강의』를 추천합니다.

그간 마르크스가 쓴『자본』의 번역본은 김수행, 강신준, 황선길 박사 등에 의해 나왔죠. 해설서는 더 많습니다. 모두 좋은 책이지만 저는 고병권 선생님의『자본 강의』가 여러분이 읽기에 가장 좋다고 봅니다. 다만 혼자 읽기엔 부담이 크기에, 같이 읽는 모임을 추천합니다.

제가 이 모임을 진행하는 방식은 이렇습니다. 우선은 참여자들이 매월 1개 장씩 읽어 오도록 숙제를 냅니다. 그리고 제가 키워드 10개 내외를 알려 드리고 그 개념에 대해서만큼은 집중해서 보시라고 권합니다. 모임 하는 날에는 제가 20분 내외로 그 장의 핵심 내용을 요약해 소개합니다. 그 다음엔 한 명씩 돌아가면서 자기가 읽은 부분 중에서 질문하고 싶은 것, 공유하고 싶은 것, 토론하고 싶은 것을 이야기합니다. 제가 보충하거나 답할 수 있는 것은 하고, 다른 분들이 말하고 싶은 걸 말하기도 합니다. 그렇게 하다 보면 2시간이 금세 지나가죠.

그렇게 한 챕터씩 읽어 가다 보면, 어느새 산 정상에 오릅니다. 등산으로 치면, 7부 능선만 올라가도 '아하, 자본주의가 이런 거로구나!'라는 느낌이 옵니다. 그다음부터 정상까지는 전체를 조망하는 내용들입니다. 물론, 이 책은『자본 I』만 다루기에『자본 II』나『자본 III』을 모두 다루지는 않습니다만, 곳곳에서 중요한 부분들을 언급하고 있습니다. 게다가『자본 I』을 제대로 이해하면, 자본주의를 80% 이상 파악했다 해도 무방합니다. 특히, 고병권 선생님의 탄탄하고 풍부한 설명이 자본주의를 제대로 이해하는 데 큰 도움이 됩니다. '앎의 의지'만 강고하면 누구나 읽어 낼 수 있습니다. 함께 읽으면 더욱 좋지요.

세번째로 제가 하는 사회적 실천은 글쓰기나 강연입니다. 글쓰기는 언론용 칼럼이나 책을 위한 집필입니다. 언론에 내는 칼럼은 주로 사회적 이슈를 다루면서도 제 자신의 경험이나 그간의 연구 내용을 반영합니다. 최근엔 아무래도 기후위기와 연관되는 내용들이 많은 편이긴 합니다. 그런데 이 책에서도 강조되지만, 기후위기는 역시 그 뿌리가 자본주의 생산양식에 있기 때문에 자본주의를 언급하지 않고는 근본 해법이 나오지 않습니다. 그런데 자본주의 역시 사람이 만들어 가는 시스템이기에 우리의 일상적 삶도 깊은 성찰의 대상입니다. 이미 우리네 삶이 자본의 일부가 되어 버렸기 때문이지요.

책 저술은 제가 독일 브레멘대에서 박사학위(*Fordismus und Hyundäismus. Rationalisierung und Wandel der Automobilindustrie in der BRD und in Südkorea*[『한·독 자동차 산업 비교 연구: 인사·조직 합리화와 노사관계』])를 받은 1994년 이후 해마다 평균 한 권씩 쓴 셈입니다. 기본 화두는 늘 '생명과 자본의 적대'를 어떻게 극복할 것인가 하는 것입니다. 크게 보면, 노사관계, 이주노동자, 세계화, 교육 문제, 살림의 경제, 기업경영과 노동법, 팔꿈치 사회, 경쟁 공화국, 중독 공화국 등의 주제로 썼습니다. 그리고 어린이와 청소년들을 위해, 『지구를 구하는 경제책』, 『지구를 구하는 '나부터' 경제』, 『잘 산다는 것』, 『기후위기 시대, 슬기로운 경제수업』 등을 썼습니다.

강연 역시 중요합니다. 대학에서 25년간 했던 강의도 단순히 대학 교수로서 의례적으로 하는 강의가 아니라 제 나름 사회적·역사적 통찰을 바탕으로 학생들에게 '색다른' 이론과 철학, 실천을 경험하게 도와주는 맥락이었습니다. 대학 밖에서 해온 시민강좌 등도 제 나름 사회적 실천의 일환으로, 세상을 올바로 짚어내고 건강한 실천을 통해 더 나은 세상을 만들자는 운동인 셈입니다.

요컨대, 이 모든 노력들은 저의 개인적인 것으로 보이지만 실은 사회적 실천입니다. '개념이 바뀌면 실천이 바뀌고, 실천이 바뀌면 세상도 바뀐다'는 신념에 근거한 것이지요.

제가 현재 살고 있는 하동군의 경우, 석탄화력발전소 문제도 있고 갈사만과 대송산단의 미래 문제도 있습니다. 심지어 광역쓰레기 소각장까지 들어서고 있죠. 갈사만은 화력발전소와 광양제철소 사이에 있는 해안으로, 꽤 오래전부터 조선산업 단지를 조성한답시고 매립한 간척지입니다. 그간 수천억 원이 들어간 대형 사업이지만 하동군이 제대로 풀어내지 못해 사실상 '놀고 있는' 땅입니다. 제 개인적으로는 아름다운 해변의 자연 경관도 살릴 수 있는 유기농 단지나 국가 정원이 들어서는 게 가장 좋은 해법이라고 보는데, 아마도 국가나 하동군 생각은 다를지 모릅니다.

2023년에 하동군 생태해설사회 선생님들과 함께 '하동주민생활사연구회'를 만들고 제가 회장으로 대표를 맡아 갈사만 어르신들을 인터뷰하는 프로젝트가 있었습니다. 이 책 뒤에도 나오지만, 어르신들은 한편으로 (발전소와 제철소 탓에) 건강이 악화하는 경험을 하면서도 다른 편으로는 '놀고 있는' 갈사만에 어서 산업단지가 들어서기를 바라는 양면성을 모두 보이고 있습니다. 물론, 이런 양면성은 갈사만 어르신들만의 문제는 아니지요. 실은 나라 전체가 그런 지경이니까요.

특히 갈사만 어르신들은 발전소나 제철소가 오기 전에는 김을 많이 생산했다고 합니다. 맑은 바다에서 각종 물고기를 잡고, 아름다운 경관을 즐기면서도 백합, 우럭조개, 바지락, 재첩, 쏙, 게 같은 먹거리를 풍성하게 잡기도 했다고 합니다. 김을 만드는 노동은 쉽지 않았는데, 새벽 3시경에 일어나 하루 종일 일하고 밤 9시나 10시까지 예사로 일했다 합니다. 하루 16~18시간 노동이라면 완전 '노동법 위반'인 셈이죠(웃음). 대신에 '강아지도 입에 돈을 물고 다닐 정도로' 집집마다 알부자였다 하지요.

그렇다고 이 어르신들이 발전소나 제철소 오기 전으로 돌아가자는 얘기는 좀체 하지 않습니다. 물리적으로 이미 가동 중인 발전소나 제철소를 없앨 수도 없거니와, 당시 김 작업 하던 시절이 너무 힘들었기에 다시 하라 그러면 아마도 고개를 절레절레 흔들 것이기 때문이죠.

이런 점에서 보더라도 '과연 인간적 필요의 경제는 어떻게 만들 수 있을까?' 하는 주제는 우리의 영원한 화두입니다. 물론 보다 직접적으로는 '갈사만의 미래를 어떻게 할 것

인가?'라는 문제가 시급하지만요. 어떤 아이디어가 곧 바로
정책에 반영이 되건 아니건 '어떤 그림을 그려 볼 것인가' 하
는 것은 대단히 중요하다고 봅니다.

'더불어' 실천 – 구조적 차원

이제는 우리 각자가 나라 전체를 바꾼다고 상상하면서 구조
적 차원의 변화와 실천을 말해 보도록 할까요?

① 생태 헌법 – 자연의 권리

첫째, 한 나라의 가장 기본이 되는 법이 헌법인데, 이 헌법
조항에 '자연의 권리'를 명시한 나라가 있습니다. 2008년 에
콰도르의 생태헌법이 대표적입니다. 즉, 강이나 산, 바다 역
시 사람처럼 법인격을 가진다고 헌법에 명문화했습니다. 남
미 전통 공동체들엔 '부엔 비비르'(buen vivir)란 게 있는데,
그게 곧 '좋은 삶'이란 뜻이거든요. 이런 맥락에서 사람의 권
리도 중요하지만, 자연의 권리가 없는 사람의 권리란 뭔가
이빨이 빠진 거란 생각에서 나온 듯합니다. 이 헌법이 만들
어진 뒤 2011년에 새로운 고속도로 건설 사업이 강행되려

하자 이 헌법 조항에 근거해 강과 산의 대리인으로 변호사가 붙어 소송을 제기했죠. 마침내 승소해 고속도로 건설 사업을 막아낸 사례가 있습니다. 여기에 고무된 듯, 뉴질랜드도 2017년에 북섬의 황가누이강에 법인격을 부여했습니다. 2017년, 인도 우타라칸드주 고등법원도 갠지스강과 야무나강의 법적 권리를 인정했지요. 히말라야산맥의 강고트리 빙하, 야무노트리 빙하에도 법인격이 인정되었고요.

실은 이 '자연의 권리'가 세계 최초로 법적 인정을 받은 건 2006년 미국 펜실베이니아주 타마쿠아 자치구 조례에서입니다. 당시 폐광의 유독 폐기물이 강과 지하 대수층에 유출되어 오염을 유발했는데, 갱도가 탄광 회사의 사유지라 오염을 막을 법적 권리가 없었다 합니다. 이에 지역 공동체가 "생태계는 규정을 집행할 목적에 한해 '사람'으로 보며 자치구와 거주자들은 자연공동체와 생태계를 대변할 원고적격을 갖는다"는 조례를 통과시켰습니다. 그 뒤로 피츠버그주와 캘리포니아주 샌타모니카 등 미국의 곳곳에서 '자연의 권리' 조례가 통과되었지요.

대한민국은 2004년 천성산 '도롱뇽 소송' 사례가 있었지만, 지금도 여전히 자연은 법적으로 원고 자격이 인정되지 않고 있습니다. 아직 갈 길이 멀지요.

② 국정 지표로서의 국민총행복(GNH)

둘째, 사회생태적 국정 운영 철학이 있는데요, 앞서도 언급한 1972년에 부탄의 4대 국왕(지그메 싱기에 왕추크)이 천명한 국민총행복(GNH) 개념이 있습니다. 제가 알기로 부탄은 우리나라에 비해 1인당 국민소득이 1/10 수준이지만, 행복도는 90%를 맴돕니다. 국민총생산(GNP)이나 국내총생산(GDP)이 아닌 국민총행복(GNH)을 국정 지표로 삼는 유일한 나라이기도 해요.

국민총행복(GNH) 개념은 크게 네 영역, 아홉 개 항목으로 구성됩니다. 네 영역들은 공정한 사회경제발전(생활수준, 교육, 건강), 문화 증진(문화다양성, 공동체 활력, 시간 사용, 심리적 웰빙), 생태계 보전(생태적 다양성), 굿 거버넌스입니다.

흥미롭게도 그 이전에 부탄의 3대 국왕은 토지 개혁을 통해 농민들에게 토지를 공평하게 나눠 줬습니다. 매우 획기적이지요. 사람들이 행복을 느낄 수 있는 가장 기초적 토대를 국왕이 평화적으로 마련해 주었으니까요.

그 뒤 2008년에 즉위한 5대 국왕 지그메 케사르 남기엘 왕추크는 왕권을 내려놓고, 행복 정책의 개념과 나아갈 방향을 헌법으로 명시했습니다. 에콰도르가 '생태헌법'이라면 부탄은 '행복헌법'이 되겠네요. 우리나라가 정말 배워야 할 부분이라 봅니다. GNP나 GDP가 아닌 GNH!

③ 마을공화국과 탄소중립 도시계획

셋째, 마하트마 간디가 말한 '마을공화국'의 구상은 기후위기 시대에 더욱 중요해진다고 봅니다. 규모가 작아 친밀한 관계 형성이 잘 될수록 인간과 자연에 대한 책임감도 더욱 고양될 테니까요.

물론, 도시도 재구성되어야 하는데, 파리의 '15분 도시'나 코펜하겐의 '2025 탄소중립 도시' 같은 아이디어도 좋다고 봅니다. '탄소중립 도시계획'이란 개념 아래 도시를 기후위기 시대에 걸맞게 바꿔 나가는 것도 마을공화국 구상과 더불어 매우 중요하다고 봅니다.

특히, 간디 선생이 쓴『마을이 세계를 구한다』는 '마을 스와라지(자치, 자립)가 비폭력의 실제적 구현'이라고 하지요. 간디 철학의 핵심이 비폭력, 자발성, 간소함으로 압축될 수 있는데, 마을공동체가 그 모두를 아우르는 실천 모델이라 보고 있습니다.

여기서 유의할 점은, 비폭력 불복종 정신으로 식민 지배로부터 독립을 쟁취한다 하더라도 즉, 외세의 직접적 지배가 종식되었다고 해서 '식민주의'가 저절로 극복되는 것이 아니라는 것입니다. 왜냐면 그 사이에 식민주의 정신이 우리의 뼛속 깊이, 영혼 깊이 침투해 들어와 있기 때문이라는 거죠. 이것을 탈탈 털어내기 위해서라도 자치와 자립의 실천 운동이 필요하다는 겁니다.

이것은 단순한 식민주의 극복을 넘어 착취주의에 기초한 사회경제적 생활 방식을 근원적으로 극복해야 한다는 마하트마 간디의 통찰과 맞닿아 있지요. 즉, 인도만이 아닌 세계 전역에서 이뤄지는 민중 착취와 억압을 통째로 극복해야 비로소 인도조차 올바로 갈 수 있다는 입장이죠. 그러면 우리가 질문할 수 있습니다. 세계적 변화가 우선이냐, 자국 변화가 우선이냐, 하는 질문이죠. 결론은 같이 가야 한다는 건데요. 그러면 어떻게 하자는 것이냐?

제 생각엔 세계 각 나라에서 풀뿌리 민중이 세계적 차원의 착취 근절에 대한 공감대를 형성함과 동시에 각국에서는 풀뿌리 중심의 마을공동체 운동을 해나가는 것이 정답이라 봅니다. 쉽지 않지만 이게 올바른 방식이라 느껴집니다.

그래서 나온 간디의 아이디어가 '인도의 미래를 위해선 70만 개의 마을공화국이 필요하다'는 것이었지요. 이 마을공화국은 단지 작은 국가를 건설하자, 이런 차원이 아니라 풀뿌리 민초들이 주체가 되어 민주주의의 핵심인 자치를 실현하면서도 자립적인 사회경제 시스템을 만들어 가자, 이런 구상으로 보시면 좋을 것 같습니다. 그러기 위해서라도 서구의 근대문명, 산업주의, 그리고 기계문명을 철저히 배격해야 한다고 봤습니다. 근대적 산업화, 기계화가 "인류에게 무엇보다 큰 화근"이라는 입장이었지요. 그것은 단지 서양에 대한 반감이 아니라 인간과 자연을 착취하고 억압하는 것에 대한 근본적 저항이었죠. 그래서 인도의 참다운 미래는 근대적인 도시가 아니라 자립적인 농촌마을 즉, 마을공화국에 있다고 본 것입니다. 그것도 식민 시대에 비참한 운명을 강요당한 농촌마을을 새롭게 부활, 회생시켜 참된 대안적 사회를 열자는 이야기였죠. 이는 오늘날 우리들에게도 깊은 울림을 주고 있습니다.

오늘의 한국 사회는 서울과 수도권에 전 인구의 절반이 쏠리는 인구 집중과 동시에 지방이나 시골에는 인구 급감과 지역 소멸이 우려되는 심각한 양극화 현상이 나타나고 있지요. 그런 문제의식이나 문제제기는 많지만 또, 엄청난 아이디어와 재원이 투입되고 있지만 양극화가 해소되기는커녕 오히려 갈수록 심해지고 있습니다.

이런 점에서 간디의 마을공화국 아이디어를 실제로 구현한 스페인의 마리날레다 사례는 매우 고무적이죠. 앞서도 약간 언급했습니다만, 인구 3천 명 정도의 마리날레다라는 소도읍에서는 오랜 자기조직화 및 투쟁 끝에 수백만 평에 이르는 농토를 농민이 사용할 수 있게 되었습니다. 물론, 소유권을 준 것은 아니고, 스페인 정부가 토지 귀족들에게 일정한 보상을 하고 사실상 매입한 뒤 마리날레다 주민들에게 사용권을 준 것이지요. 크게 보면 국민이 낸 세금을 이런 식으로 농민과 농토를 재결합할 수 있게 사용하는 것은 나라의 장래를 위해서도 바람직합니다.

『우리는 이상한 마을에 산다』라는 책은 바로 이 마리날레다 사례를 매우 흥미롭게 알려 주는 책입니다. 주민들은 고르디요 시장을 중심으로 거센 투쟁 끝에 협동조합을 만들고 마을학교와 문화센터를 만들어 재미있고도 의미 있는 일들을 해나가고 있어요. 자급, 자립, 자치의 관점이죠. 우리에게는 '무슨 이런 세상이 다 있나?'라는 생각이 들 정도로 정말 보기 드문 세상을 연 셈이지요. 시간 나시면 꼭 한번 읽어 보시기 바랍니다.

이와 유사한 것으로, 인도네시아에 본부를 둔 국제농민운동으로 퍼진 '비아 캄페시나'(농민의 길) 운동이나 1985년 브라질에서 시작된 '토지 없는 농민운동'인 MST(Movimentos dos Sem-Terra / Movement of Landless Rural Workers)가 있습니다.

1993년 5월 벨기에 몽스에서 첫 회의를 열고 출범한 '비아 캄페시나'(농민의 길) 운동은 우루과이 라운드(UR)나 WTO로 상징되는 신자유주의 세계화 및 GMO(유전자조작 식품)에 반대하고, 그 대신 식량주권, 농지개혁, 소농, 가족 농, 농민 공동체, 내수 시장, 로컬 푸드, 종자와 생물다양성 보존 등을 중시하지요. 즉, 농업이 수출 산업화에 예속되는 것, 또 농업 분야 대기업이나 초국적 자본이 농업을 장악하 는 것, '비만의 세계화'를 부르는 농업의 세계화에 반대하고, 자급과 자립을 강화하자는 운동입니다.

여성농민운동가인 김정열 선생은 이 운동에 대해 이렇 게 이야기합니다. "가장 핵심적인 단어는 '연결'이다. (…) 농 민과 어업인, 목축인, 임업인, 이주민, 원주민 등 농촌에서 소외받는 이들이 '연결'된다". 이 운동에는 현재 약 90개 나 라 2억 명 이상이 참여하고 있습니다. 2018년 12월 마침내 UN에서 '농민권리선언'을 공식 채택하게 만들었죠. 이 운 동의 기본 철학을 보려면, 캐나다의 아네트 데스마레이즈 (Annette Desmarais) 교수가 쓴 『비아 캄페시나: 세계화에 맞 서는 소농의 힘』을 추천합니다.

여기서 짚어야 할 점은 2018년 말 UN에서 공식 채택된

‘농민권리선언’ 내용이 국제적 강제력이 없어 외화내빈이 될 우려가 있다는 것이죠. 예컨대, ‘법적인 지위가 없는 이주 노동자들까지도 농민과 같은 권리를 갖는다’는 부분(선언문 제1조)이나, ‘농민에게 종자 판매의 권리가 있다’는 조항(선언문 제19조), 그리고 ‘공공 토지 등을 소농, 청년, 농촌 노동자 등에게 우선적으로 배분해야 한다’는 내용(선언문 제17조 6항) 등이 대표적입니다. 문재인 정부의 농림부조차 이런 조항들에 난색을 표명했던 점을 감안할 때 아직 갈 길은 멀게 느껴집니다.

‘토지 없는 농민운동’인 MST는 마리날레다처럼 대자본가나 토지 귀족들의 노는 땅을 정부가 사서 농민들에게 경작권과 점유권을 달라는 이야기지요. 이 운동에 대해 자본과 국가는 1996년 4월에 ‘카라자스 학살’까지 자행했지요. 이렇게 토지와 농민이 분리된 현실을 다시 재결합하기 위해 구조를 바꾸자는 실천적 운동이 MST나 ‘비아 캄페시나’ 운동으로 나타납니다. 크게 보면 간디 선생의 ‘마을공화국’ 내지 ‘마을 자치’ 구상과 닮아 있지요.

기후위기 이슈의 관점에서 보면, 이러한 농민, 농촌, 농사 중심의 공동체 운동은 크게 두 가지 의미를 띤다고 봅니다. 그것은 한편으로 기후변화를 주로 야기하는 주체들이 선진국의 부유층과 대도시, 그리고 화석연료 중심의 자본과 기술임에 반해, 후진국인 '글로벌 사우스'는 주로 피해만 본다는 문제제기('기후정의')지요. 동시에 다른 한편으론 소농 중심의 마을공동체 구축이 바로 그 기후위기에 대한 실천적 대안이란 점에서 매우 중요한 의미를 띱니다.

④ 적정생산-적정분배-적정생활-적정순환

넷째, 이와 더불어 저는 기후위기를 초래한 자본주의 경제방식인 '대량생산-대량유통-대량소비-대량폐기' 시스템을 지양하고 점진적으로라도 '적정생산-적정분배-적정생활-적정순환'의 새로운 시스템을 구축해야 한다고 봅니다. 그런데 이게 말이 쉽지 현실은 너무나 척박하죠. 그럼에도 기후위기를 초래하는 지금의 경제방식을 전혀 변화시키지 않은 채 단지 일부 기술이나 관리 방식만 바꾼다고 될 일은 전혀 아니기 때문에 이 부분을 정면 돌파하는 게 정말 중요해요.

예전 강의에서도 말씀드렸지만, 자본은 무한증식을 추구하기 때문에 지구와 우주까지 바닥을 내려고 합니다. 그 과정에서 인류는 물론 모든 생명체, 심지어 비생물 존재까지 작살을 내려 해요. 그래서 우리 모두가 6차 대멸종이라는 '집단 생존위기'에 처해 있습니다.

그래서 저는 '적정생산-적정분배-적정생활-적정순환'의 새로운 시스템을 대안으로 강조합니다. 흥미롭게도 이미 많은 철학자나 연구자들이 '필요의 철학' 내지 '충분함의 철학'을 말해 왔지요.

멀리는 기원전 4세기 때 아리스토텔레스가 『니코마코스 윤리학』에서 '좋은 삶' 내지 '행복'(eudaimonia)을 말했는데, 이것은 그 어떤 결핍감 없이 스스로 만족하는 상태를 말합니다. 아리스토텔레스는 좋은 삶에 도달하기 위한 4요소를 말했는데요, 첫째 생계의 삶(노동), 둘째 재미의 삶(쾌감), 셋째 자유의 삶(활동), 넷째 관조의 삶(지혜)입니다. 당시 그리스에서는 선악 개념보다 훨씬 폭넓은 '좋은 것'과 '나쁜 것'에 대한 개념을 중시했다 합니다. 그래서 '좋은 삶'은 곧 '행복한 삶'으로 해석됩니다. 그는 위 4요소가 갖춰지면 만족스런 삶이 되었다고 보았지요. 이미 여기서도 충분함의 개념이 깃들어 있는 셈이죠.

저는 예수의 가르침을 전하는 신약 성경에도 '충분함의 원리' 내지 '필요의 원리'가 있다고 봅니다. 일례로, 「마태복음」 6장 26절과 28절에서는 "공중의 새를 보라, 심지도 않고 거두지도 않고 창고에 모아들이지도 아니하되… 또 너희가 어찌 의복을 염려하느냐, 들의 백합화가 어떻게 자라는가 생각하여 보라, 수고도 아니 하고 길쌈도 아니 하느니라”라고 했죠. 또, 「누가복음」 21장 34절엔 “너희는 조심하라. 그렇지 않으면 방탕하고 술 취하고 인생살이 걱정하다가 마음이 둔해져서 뜻밖에 그날이 너희에게 덫과 같이 임하리니”라 했습니다. 게다가 「마태복음」 19장 24절엔 “다시 너희에게 말하노니 부자가 하나님의 나라에 들어가는 것보다 낙타가 바늘귀로 들어가는 것이 더 쉬우니라…” 하셨지요. 심지어 「마태복음」 5장 3절은 “가난한 자는 복이 있나니”라 했습니다. 저는 이런 말씀들이 결국 인간이 제 분수를 알고 ‘충분함의 원리’로 살라는 가르침이라 여겨집니다.

한편, ‘필요의 원리’를 강조하는 구절도 있는데, 제가 기독교인이 아니기에 성경 말씀을 아전인수로 해석할 수 있음을 용서해 주시길 바라고요. 제 생각엔 「마태복음」 20장에 나오는 ‘포도밭 일꾼’ 이야기가 바로 그것입니다. 여기에 보면 포도밭 주인이 밭에서 일할 일꾼들을 찾아 일을 시키고 돈을 주는데, 흥미롭게도 아침 6시부터 나와 일한 일꾼, 9시, 12시, 오후 3시에 나와 일한 일꾼, 심지어 일이 거의 끝날 즈음에 와서 일한 일꾼까지 모두 동일한 1데나리온의 돈을 받습니다.

종교에서는 하나님이 처음부터 신자인 사람이나 때늦

게 신자가 된 사람이나 차별하지 않고 구원한다는 말씀으로 해석하더라고요. 사람의 합리성과 신의 합리성이 다른 셈이지요. 특히 자본의 합리성에서는 아침부터 일한 사람은 오후에 온 사람보다 몇 배 더 받아야 하고 거의 끝날 즈음에 온 사람은 아예 품을 팔지도 못하겠지요. 그러고 보니 아침부터 일한 일꾼이 농장주에게 "왜 모두 똑같이 주느냐?"고 시기하거나 불평하는 모습이야말로 인간이 자본을 내면화했음을 증명하는 셈이 되네요. 그러나 저는 여기 나오는 "1데나리온"이 사람이 먹고사는 데 '필요'한 만큼의 생활수단을 뜻한다고 해석합니다. '필요의 원리'에 따르면 세상 사람들이 먹고사는 데는 서로서로 비슷한 수준의 생활수단만 있어도 되겠지요.

반면, 무한한 탐욕의 원리로 가버리면 마치 「디모데전서」 6장 10절에 나오듯 "돈을 사랑하는 것이 모든 악의 뿌리"가 되지요. 흥미롭게도 「마태복음」 6장 24절과 「누가복음」 16장 13절은 똑같이 "하느님(God)과 재물(mommon)은 동시에 섬길 수 없다"고 해요. 그래서 「누가복음」 12장 15절처럼 "너희는 온갖 탐심을 조심하라. 사람의 생명은 그 소유의 넉넉함에 있지 않느니라"라고 한 것 같습니다. 게다가 「신명기」 23장 19절에는 "형제에게 이자를 받지 말라"라는 구절이 나옵니다. 결국, 여기 인용된 성경 말씀들은 자본의 원리와 정면으로 충돌하죠. 어쩌다 성경 말씀에 너무 빠진 것 같긴 한데, 결국 성경 말씀에도 '충분함의 원리'나 '필요의 원리'를 설파하는 구절들이 제법 보인다는 점만큼은 꼭 기억하면 좋겠습니다.

이제는 19세기 고전경제학자로 통하는 존 스튜어트 밀(John Stuart Mill, 1806~1873)과 20세기 생태경제학자 허먼 데일리(Herman Daly, 1938~2022)의 '정상상태 경제'(steady-state economy) 개념을 중심으로 '적정함'의 개념에 접근해 볼까 합니다. 이 부분은 김병권 박사의『기후를 위한 경제학』을 참고하면 좋겠습니다.

우선 존 스튜어트 밀은『정치경제학 원리』라는 책에서 "인간 본성을 위한 최선의 상태는 아무도 가난하지 않고 그래서 누구든지 더 많이 가져 부유해지려 하지 않으며, 또 다른 사람들이 앞질러 가려고 노력하기 때문에 자신이 뒤로 밀려날 것을 두려워할 이유도 없는 상태"라면서 이것이 "정상상태(stationary state) 경제"임을 말합니다. 그는 또 "자본과 인구의 정지 상태라고 해서 인간적 향상도 정지된 상태임을 의미하는 건 아니"라 했습니다. 그 이유는 "정신문화나 도덕적, 사회적 진보를 위한 공간이 그 어느 때보다 넓고 삶의 기술을 향상시킬 여지가 많을 것"이기 때문이라 본 것이죠. 그는 이런 면에서 "정상경제는 필요할 뿐 아니라 바람직하다"고 했다 합니다. 그래서 그런지 그는 "후손들을 위해 진정 바라건대, 후손들은 자신이 어쩔 수 없이 받아들이기 훨씬 이전에 정상상태 경제에 만족하게 될 것"이라 했답니다.

　이 이야기만 보면 '참 좋은 생각'이란 느낌이 들죠. 그런데 비슷한 시기에 가난하게 살았던 마르크스와는 달리 밀은 부잣집 장남이었고 영재교육을 받을 정도였습니다. 그래서인지 그의 이론엔 부르주아 냄새가 물씬 풍깁니다. 마르크스의 관점으로는 당시 영국에서 자본축적이 진행됨에 따라 빈부 격차가 극심하게 나타났거든요. 현실 자체가 대단히 '비정상적인' 상태였던 셈이죠. 그렇다고 밀의 아이디어인 '정상상태 경제'가 된다 해도 그것이 압도적 다수의 빈민들에게 대안적 해결책이 될 수 있을지는 의문입니다.

　다음으로는 밀의 아이디어를 이어 생태경제학 이론을 더욱 완성시킨 20~21세기의 학자(미국 루이지애나 주립대 교수) 허먼 데일리의 '정상상태 경제'를 보겠습니다. 데일리는 1973년에 『정상상태 경제를 향하여』를 썼고, 1976년엔 아예 『정상상태 경제학』이라는 제목의 책을 펴냈죠. 그가 말한 '정상상태 경제'란 "낮은 비율의 처리량(throughput)으로도 꽤 바람직하고도 충분한 정도로 인구와 인공물을 일정 수준의 저량(stocks)으로 유지하는 경제"입니다. 즉, "생산의 첫 단계에서부터 마지막 단계에 이르기까지, 최저 수준의 적당한 물질과 에너지 흐름만을 이용하는" 경제인 셈입니다.

그가 낸 『생태경제학』 2011년판에선 "정상상태 경제의 주요 아이디어는, 오랫동안 좋은 삶을 누리기에 충분한 정도로 부와 인구 규모를 일정하게 유지하는 것"이라 했습니다. 여기에 "필요한 물질적 처리량은 높기보다 낮아야 하고, 항상 생태 시스템의 재생과 흡수 용량 범위 안에 있어야 한다"고 했지요. 흥미롭게도 그는 "정상상태에서 진보의 경로는 더 커지는 게 아니라 더 좋아지는 것"이라 했답니다.

제가 앞에서 자본주의적 '대량생산-대량유통-대량소비-대량폐기'의 방식을 버리고 '적정생산-적정분배-적정생활-적정순환'의 새 시스템을 대안으로 제시한 것도 바로 이런 아이디어들의 연장선 위에 있습니다. 그러나 허먼 데일리의 '정상상태 경제'는 물질과 에너지의 물리적 적정선만 강조했지 사회경제적·정치적 적정선은 별로 신경을 쓰지 않았습니다. 그래서 저는 '적정생산-적정분배-적정생활-적정순환'의 새 시스템을 위해서라도 자본주의 이윤 원리나 경쟁 원리를 넘어가는 '탈자본'의 원리가 필요하다고 봅니다. 물론, 얼마가 '적정'인가와 관련해서는 민주적인 합의가 필요합니다. 그래서 민주주의는 처음부터 끝까지 필수입니다.

김병권 박사는 앞의 『기후를 위한 경제학』에서 "성장을 넘어서기가 자본주의를 넘어서는 것보다 선차적일 수 있다"고 합니다만, 제가 볼 적에는 이건 우선순위 문제가 아니라 동시에 가야 할 길입니다. 자본주의 자체가 성장주의를 전제로 하기 때문이죠. 결국, 한편으로는 지구 생태계의 역량을 해치지 않고 지속적으로 유지하면서도 다른 편으로는 빈부 격차나 양극화, 불평등 문제를 해소하기 위해서라도 우리는 필요의 원리, 충분함의 원리, 나눔의 원리, 보살핌의 원리 등을 진지하게 수용해야겠습니다.

⑤ 정의로운 전환

다섯째, 마지막에 말한 나눔과 보살핌은 곧 '사회 정의'와도 연관이 됩니다. 우리가 대안을 만들더라도 가진 자들만의 대안이 아닌, '모두의 대안'이 되기 위해서는 생태적 전환과 동시에 사회적 연대가 필요함을 강조하고 싶습니다. 이것이 '정의로운 전환'입니다.

앞선 강의에서도 말씀드렸지만, 일국 차원이건 세계 차

원이건 현실적으로 불평등과 양극화가 존재하기 때문에 '정의로운 전환' 내지 '사회 정의' 차원에서라도 이런 문제를 적극 해소하는 방향으로 변화가 이뤄져야겠죠.

특히, 선진국, 도시민, 부유층은 낭비적이고 화려한 삶을 위해 비용, 위험, 책임을 시간적으로나 공간적으로 '외부화'하는 경향이 있습니다. 시간적으로는 결국 후세대들에게 책임을 전가하고요, 공간적으로는 후진국, 농어촌, 빈민층에게 책임 전가를 하지요. 이 불의한 구조를 바꾸는 게 곧 '정의로운 전환'입니다.

그러기 위해서는 몇 가지 차원의 정리가 필요합니다. 첫째, 세계의 잘사는 나라들(예, G50)이 대대적으로 '기후 전환 기금'을 조성함과 동시에 혁신 기술을 지원해서, 하루 10달러 이하로 사는 빈민들의 삶을 향상시키면서도, 경제와 생태의 균형을 이루는 생태적 경제 모델을 선도적으로 만들어야 하겠죠. 이제는 인류 생존의 위기에 대처하기 위해 모든 나라가 '탈자본'을 기본으로 한 '생태민주주의'로 가야 합니다. 부탄이나 에콰도르가 이런 점에서 참조 모델이 될 것 같습니다.

둘째, 각 나라 안에서도 같은 원리로 '정의 기금'을 조성하고 혁신 기술을 동원해서, 극빈층의 삶을 향상시키면서도 나라 전체적으로 생태 경제를 만들어야겠죠. 이제 이념 대결이나 권력 쟁투는 사치입니다. 같이 살기 위해 하루 빨리 사회적 구명보트를 만들어야 합니다.

셋째, 그러기 위해서라도 이제 '대량생산-대량유통-대량소비-대량폐기'의 낡은 시스템을 버리고 '적정생산-적정분배-적정생활-적정순환'의 새 시스템을 구축해야 합니다. 이윤의 경제가 아닌 필요의 경제, 탐욕의 경제가 아닌 충분함의 경제를 만들어야 합니다. 이것이 '탈(脫)자본, 진(進)생명'의 대안으로 가는 길이라 봅니다.

넷째, 아일랜드, 아이슬란드, 영국, 프랑스, 벨기에 등에서 활발하게 시도하고 있는 제비뽑기 방식의 '기후위기 시민의회' 같은 시도를 왕성하게 할 필요가 있습니다. 일례로, 아일랜드는 2022년에 생물다양성 제고를 위한 시민의회를 구성했는데, 꼭 아일랜드 시민권이 없더라도 거주민 중 성인이면 누구나 참여하게 했습니다(게리 가드너, 「추천제와 정상상태 경제」, 『녹색평론』187호, 2024년 가을호 참조). 즉, 시민의회 핵심 그룹이 제비뽑기 방식으로 2만 가구에 시민의회 참여 의사를 물었죠. 그중 10% 이상이 참여하겠다 했대요. 다시 이들을 인구 기준(성별, 연령, 지역 등)으로 고루 배분되게 그룹별로 무작위 선발해 최종 100명을 선출했습니다. 이들이 9개월간 숙의(전문가 정보 공유, 개방적 토론, 양심적 권고안 도출) 끝에 고차원 권고안 73개, 분야별 권고안 86개를 제출했어요. 또 이 시민의회는 '깨끗하고 건강하며 안전한 환경'과 '안정적이고 건강한 기후'를 시민의 권리로 누려야 함을 규정한 헌법 개정안을 국민투표에 상정했습니다. 이런 배경 아래 아일랜드 의회는 '기후 비상사태'를 선포했지요.

이런 방식은 우리가 선거제로 상실한 민주주의를 회복하는 것이기도 하고요. 특히 제비뽑기로 선출된 시민들은 그 어떤 이해관계에도 얽매이지 않고 주어진 과제를 원점에서 숙고할 수 있기 때문에, 가장 정의롭고 미래 지향적인 결론을 도출할 수 있다는 겁니다.

다섯째, 전에도 강조한 바, 초등학교부터 대학에 이르기까지 모든 학교에서 '정의로운 전환' 개념과 경로 같은 걸 공부하고 토론하며 실천 방안들을 제시해야겠죠. 학교 교육 외에 언론 역시 매일 인류의 공동 생존을 모색하는 다큐 상영과 토론 공간을 많이 제공하면 좋겠습니다. 온 나라가 '정의로운 전환'에 몰입해야 합니다.

만일 우리들이 이런 대안들에 진심으로 공감하고 한 마음 한 뜻으로 '정의로운 전환'에 나선다면 인류에겐 마침내 희망이 생길 거라 봅니다. 아직 이런 얘기를 할 수 있는 게 행운인지도 모릅니다. 기후위기로 이미 물에 잠겨 가는 나라들도 있거든요.

그래서 기후위기건 6차 대멸종이건, 아니면 새로운 전쟁이건 일단 파국이 시작되면 그때는 아무리 후회해도 이미 늦습니다. 마지막 죽음의 순간에 가서야 '살려 달라!'고 아우성쳐 봐야 별 소용 없겠지요. 인류에게 지혜가 있다면 파국이 오기 '전'에 탈출구를 찾아야겠지요.

마무리를 대신하여

자 이제 본 강의를 마무리해야겠습니다. 결론적으로 개인적 실천과 사회적 실천을 왕성하게 같이 해야 한다고 말씀드릴 수 있겠고요. 그러려면 지금 우리가 절체절명의 위기 앞에 놓여 있음을 진지하게 인식하는 것이 최우선이라 봅니다. 마치 세월호 배가 물속에 잠기기 직전의 상황처럼 비상 시기라 봐야 한다는 말씀이죠. 그런 위기의식이 없다면 역설적으로 우리네 삶은 더욱 급속도로 위기 속으로 빠져들 것이 확실합니다. 마치 영화 「타이타닉」이 빙산에 부딪혀 배가 산산조각 나고 사람들이 살기 위해 몸부림쳤던 그런 상황처럼 말입니다. 지구 전체가 그런 상황이 되면 당연히 온 세상이 아우성으로 가득 차게 되겠지요. 지옥이 따로 없을 거라 봅니다. 부디 제발, 그런 일이 오지 않았으면 합니다.

그래서 최우선은 나부터 개인적 실천을 다양하게 해나갔으면 좋겠습니다. 물, 종이, 전기 등을 최대한 절약하는 것부터 시작해서 생활에 필요한 모든 물자나 에너지를 아끼면서도 스스로 고쳐 쓰거나 손수 만들 수 있는 건 만들면 좋겠습니다. 텃밭이나 베란다를 활용해 채소 한두 가지라도 자급자족하기 시작하는 것도 필요하고요. 산나물, 들나물, 약초 같은 것에 관심을 갖고 최악의 상황에서 살아남는 방법도 평소에 하나씩 배워야 합니다. 아이들에게도 하나씩 설명을 잘 해가면서 차분하게 그리고 즐겁게 최악의 상황에 대비하는 법을 알려 주어야 하겠습니다. 설사 6차 대멸종이 극단까지 진전되어 지구상에 1%의 생명체만 살아남는다고 하더라도, 혹시라도 우리가 제대로 가르친 아이들이 몇 명이라도 살아남는다면 그 아이들이 다시 새로운 세상을 이어갈 수 있겠지요. 그런 경우를 대비해서라도 기후위기에 지혜롭게 대처하는 법에 관한 책들을 평소에 읽고 하나씩 실천해 보는 것도 좋은 방법이 될 듯합니다.

여기서 주의할 점은 아이들에게 너무 성급하게 기후위

기로 지구가 곧 멸망한다든지 아니면 곧 6차 대멸종이 닥친 다는 식으로 이야기를 해선 곤란하다는 겁니다. 언젠가 오 기는 할 터인데 아직은 시간이 있으니 너무 조급하게 생각 할 필요는 없다는 식으로 설명해야겠지요. 예컨대 이런 비 유는 좋을 것 같습니다. 몸이 좀 뚱뚱한 아이가 있는데, 인간 은 어차피 죽을 거니까 계속해서 음식을 지나치게 먹겠다 고 하면 어떻게 될 것 같은지 물어보는 거지요. 그냥 많이만 먹는 게 아니라 기름진 음식이나 육고기 같은 걸 별 생각 없 이 많이 먹는다면 또 어찌될지 물어봐도 좋겠습니다. 그리 고 만일 그 아이가 자기 몸이 좀 뚱뚱하다는 걸 진지하게 인 식하고 운동을 착실히 하면서 건강한 음식을 적정량 섭취하 는 식으로 관리를 잘 해나가면 어떨지도 물어보는 것이죠. 그래서 지금 상태보다 더 안 좋은 쪽으로 가는 게 옳을지, 아 니면 실천적으로 노력을 해서 지금보다 조금씩이라도 더 좋 은 쪽으로 변하는 게 옳을지 물어보면 금세 아이들이 스스 로 해답을 찾을 수 있을 거라 봅니다.

그다음으로는 당연히 나부터 참여하는 사회적 실천들 도 있습니다. 기후위기 관련한 시민사회 단체들에 회원으로 가입한다든지, 그래서 거기서 하는 프로그램에 적극 참여하 는 것도 좋겠습니다. 또 자신이 사는 마을이나 지역에서 마음이 맞는 사람들끼리 재미있고도 의미 있는 활동을 함께 기획하고 실천하는 것도 좋겠습니다. 때로는 기후정의행진 같은 대규모 행사에 함께 참여하는 것도 좋고요. 경우에 따라선 SNS를 활용해서 기후위기 관련 내용들(현실, 문제점, 대안적 실천 등)을 널리 공유하는 것도 필요하겠습니다.

그리고 동시에 사회의 구조적 변화를 모두 함께 꿈꾸어야 합니다. 좀 전에 말씀드린 5개 항목만 해도 구조 변화로서는 좋은 출발점이 될 것 같습니다. 그 5개 항목은 ①생태헌법, ②국민총행복(GNH)류의 국정 운영 철학, ③소농 중심의 생태적 마을공동체와 탄소중립 도시계획, ④'적정생산-적정분배-적정생활-적정순환'의 새 시스템, 그리고 ⑤정의로운 전환 등입니다. 이런 것부터 바꿔 나가는 가운데 또 필요한 것이 있다면 당연히 민주적이고 개방적인 토론을 통해서 집단지성으로 풀어 나가면 됩니다. 문제는 우리 대다수가 이런 방향으로 가겠다고 단호한 결심을 하는 것이지요. 사회적 공감대 형성과 사회적 합의 형성이 그래서 중요합니다. 결국, 생존을 위해서라도 민주주의가 답입니다.

오늘도 제법 긴 강의를 끝까지 경청해 주셔서 대단히 감사합니다. 오늘 여러분과 나눈 이야기가 지구를 살리고 우리 스스로를 구하는 데 작은 이바지라도 하기를 빕니다.

보론

남해안 갈사만 사례

하동 갈사만에 대하여

갈사만(葛四灣)은 우리나라 지도에서 보면 남해안에 속하
죠. 경상남도와 전라남도의 자연적인 경계선인 섬진강이 바
다와 만나는 곳이 망덕포구인데요. 그 오른편에 있는 갈도
(葛島)라는 섬 중심의 조용하고 평화로운 해안이 바로 갈사
만입니다. 갈도라는 이름은 이 섬이 마치 바다 위에 칡덩굴
처럼 뻗어 있기에 붙었다 해요. 갈사(葛四)는 이 갈도에 네
개의 마을(나팔, 연막, 서근, 내도)이 있다 해서 만든 이름이라
고 하고요. 지금은 서근에서 분리된 명선마을과 청암에서
하동댐 건설로 이주해 온 청도마을까지 해서 모두 여섯 개
마을이 있습니다.

　　그런데 이 조용하고 아름다운 바닷마을에 1964년부터

간척사업을 하는 바람에 변화의 바람이 불었죠. 간척 이전에는 천혜의 갯벌에 온갖 조개나 해초가 많았고 물고기도 풍성했다 합니다. 특히 오래전부터 김 양식이 흥했는데, 하동 김이 전국적으로 유명했다 하지요.

당시 주민들은 바다와 함께 잘 살아왔는데 일부 주민들이 간척사업을 통해 농지를 만들어 주민들에게 값싸게 분양해 달라고 건의를 한 모양입니다. 그래서 당시 그 지역과 연결된 국회의원이 주축이 되어 갯벌을 농지로 만드는 간척사업이 1964년부터 시작되어 1966년까지 3년간 이어졌는데 아마도 사업을 추진하던 회사가 어려움에 처해 1967년엔 중단이 된 모양입니다.

1968년엔 다시 공사가 재개되었고 1972년엔 마침내 외곽방조제가 완공되었다 해요. 지금도 갈사만에 가면 그 외곽방조제가 까마득히 보입니다. 그런데 외곽만 되었지 그 내부의 간척공사는 10년 동안 이뤄지지 않았어요. 그 사이에 잡초만 무성해진 거죠. 황금어장이 잡초밭으로 변하자 주민들은 한숨만 쉬었다 해요.

그 뒤 1983년부터 다시 간척사업이 대대적으로 진행되어 마침내 1990년경에 농지조성이 일차 완료되고 1996년 말이 되면 농지 보강공사까지 완료됩니다. 간척지 총 면적은 659헥타르인데 그중에서 논은 408헥타르(1626필지)라 합니다. 1헥타르가 3,025평이라 하니, 논만 해도 대략 120만 평이 넘지요. 좀 큰 대학캠퍼스 크기가 20만 평이라 하는데, 그런 대학이 6개나 되는 넓은 곳이라 보시면 됩니다. 저 역시 이런 역사를 모르고 단지 사회 수업 시간에 남해안이나 서해안에 간척사업이 왕성하게 일어나 국토의 모양이 많이 변하고 있다는 얘기만 들었죠.

그 뒤 농지 분양은 기존 주민들은 세대당 750평, 청암 이주 주민들은 1500평씩 할당되었다 해요. 기존 주민들 사이에 왜 차별하느냐고 항의가 있기도 했대요. 그래서 주민들이 분양을 동일하게 해 달라고 청원을 했지만 소용이 없었다 합니다.

한편, 섬진강 하구의 왼편에는 전남에 속하는 광양만이 있지요. 이곳에는 1982년부터 광양제철소가 들어서기 시작해요. 규모가 무려 518만 평이나 됩니다. 그리고 제철소에서 좀더 여수 쪽으로 내려가면 여수산단, 즉 석유화학단지가 나오죠.

하동화력발전소와 갈사만, 광양제철소를 거쳐 여수산단까지 이곳 일대의 산업 시설들을 공장 밖에서나마 후루룩 둘러보는 '다크투어'가 가끔 있는데, 직접 가보시면 입이

쩍 벌어질 정도입니다. 한편으로는 한국 경제의 발전을 상징하지만 다른 편으로는 생태 파괴의 현장이기도 하니까요. 이런 모순은 2003년 이 일대가 광양만권 경제자유구역으로 지정이 된 뒤 더욱 도드라지게 됩니다. 이 지정과 더불어 갈사만에 조선산업단지를 조성하겠다고 했지만 약 10년간 지지부진하다가 2012년에 첫 삽을 뜨긴 떴는데 조선업 경기 침체와 국제금융위기까지 겹쳐 2014년에 자금난으로 좌초되고 말았습니다. 착공 이후 10년이 넘었지만 직접비용 6,500억 이상 들었고 공정률은 10%밖에 안 된다 합니다. 2024년에도 하승철 군수께서 사방팔방 노력해 갈사만 산단을 '스마트 그린 융복합 산업단지'로 조성하려 했지만 진척이 쉽지 않은 실정입니다.

사실, 이곳 갈사만에 인접한 광양만은 우리나라 최초의 김 양식이 시작된 곳이기도 합니다. 300년도 더 넘은 1714년(숙종 40년), 당시 김여익이란 분이 광양 태인도에서 처음으로 김을 양식했다고 합니다. 전형적인 자연경제, 생계경제였던 셈이지요.

이 지역에 가시면 '광양 김 시식지(始植址)'를 한번 찾아가 보셔도 좋을 듯합니다. 갈사만, 광양만, 망덕포구, 그리고 (윤동주 유고를 보존했던 친구) 정병욱 가옥까지 함께 둘러봐도 좋지요. '광양 김 시식지'는 예쁜 한옥집에 김 양식의 역사는 물론, 우리가 먹는 김을 어떻게 만드는지 그 과정이 비교적 상세하게 사진으로 설명되어 있거든요.

그래서 제철소가 들어설 적에 주민들의 반대 시위나 보상 관련 갈등이 제법 있었다 합니다. 경찰과 주민들이 대치하던 중 주민 한 분이 목숨을 잃기도 했습니다. 긴 갈등 끝에 보상이 마무리되고 마침내 제철소 설비공사(고로 1호기~4호기)가 1985년부터 1992년까지 모두 완료되었다 합니다. 지금도 광양제철소는 왕성하게 돌아가는데, 불행히도 인근 주민들은 쇳가루 먼지와 온실가스에 시달리기도 하지요.

그리고 갈사만의 풍광을 크게 변화시킨 것은 하동화력발전소인데요. 이 역시 갈사만에 있는데, 부지 규모가 대략 85만 평 규모라 합니다. 대학캠퍼스로 따져도 4개나 되는 큰 규모이지요. 1993년 11월에 하동화력발전소 1호기, 2호기를 착공해 1997년 11월에 준공했고요. 1995년 2월에는 3호기, 4호기도 착공하여 1999년 3월 준공합니다. 2001년엔 5~6호기 공사가 완공됐고, 마침내 2009년 6월, 7~8호기 공사까지 완료되었죠. 1기에 500메가와트를 생산한다니 총 4,000메가와트를 생산하는 규모죠. 언젠가 제 고향인 마산에서는 화력발전소가 사라졌다고 좋아했는데 이게 삼천포로 갔고, 그다음에 하동에 또 생긴 모양입니다. 그런데 이제 제가 하동에서 살고 있네요(웃음).

2001년부터는 소위 민영화 붐이 불어서 공기업인 한전도 각 지역별로 쪼개졌죠. 남부발전, 동부발전, 서부발전, 중부발전 이런 식으로요. 국영기업이 민간기업인 주식회사로 됐죠. 여전히 준공공기관 성격이 있지만 사실상 운영 방식은 민영입니다. 물론 소유 관계는 일부 정부 지분이 있고, 또 상당 부분은 민간 자본 투자자에게 넘어갔기 때문에 주식회사가 됐어요. 이제는 기본적인 조직목표가 국민을 위한 전기 공급보다는 수익성 향상에 더 비중을 두는 쪽으로 변한 겁니다. 물론, 워낙 빚이 많아 수익성을 올리기도 어려운 형편인 듯해요.

이렇게 갈사만의 현재 모습을 간략하게 말씀드렸는데요. 오늘은 보론 강의로 그간 우리나라 산업화 과정에서 인간 삶이 어떻게 변했는가를 갈사만의 사례를 중심으로 보다 구체적으로 살펴보고자 합니다.

일본 제국주의와 자본의 가치증식

갈사만의 변화를 잘 알기 위해서라도 간단히 갈사만의 역사를 봐야겠네요. 잘 아시다시피 1876년 강화도조약, 1905년 을사늑약, 1910년 공식적인 한일합방을 거쳐 그 이후 1945년까지 일제가 조선을 통치했죠.

일제는 '회사령'을 만들어 전기, 철도, 금융 등 중요 산업 분야를 일본 자본이 독점했어요. 그 무렵에 '광업령'도 나와서 조선인의 광산 운영을 제한하고 일본 자본이 독점을 하게 됩니다. 조선의 지하자원을 대규모로 약탈하게 되지요.

그리고 일제는 1911년 '어업령'을 통해 어업권을 허가제로 바꿨어요. 자기들이 독점하기 위해서죠. 그래서 일본인들이 서서히 주요 어장을 독차지하게 됩니다. 이런 흐름 속에서 갈사만에도 일본 사람들이 들어오게 되었어요. 태안만이나 갈사만에서 김을 생산해도 조선김과 일본김으로 나눠, 일본으로 수출하는 것은 더 좋은 것으로 보냈다 합니다.

이건 조선과 일본의 관계만 얘기한 것이지만, 세계자본주의 관점에서는 영국이 인도를 침탈하거나 프랑스, 독일, 영국이 아메리카나 아프리카로 들어가 자원을 약탈했던 맥락과 동일하다는 겁니다. 크게 보면 다 일본의 조선 침탈과 마찬가지였죠.

그리고 이제 일본의 생산성 높은 공장에서 만들어진 옷이라든지 각종 생활용품 같은 상품을 팔고 지하자원이나 농산물은 자기들이 가지고 갔죠. 그런 과정을 통해 일본 자본이 가치증식을 했습니다. 이걸 민족주의 관점에서 보면 일본이 조선민족을 침탈해 가지고 억압했다 이렇게 볼 수 있는데, 민족의 관점으로 보지 않고 자본의 관점에서 보면, 일본의 독점 자본이 이윤(잉여가치)을 얻기 위해 조선을 식민지 원료 공급지나 상품 시장으로 활용했던 과정이라 정리할 수 있습니다. 물론, 조선만 약탈한 건 아니고 중국에도 진출하고 필리핀이나 동남아시아까지 약탈했죠. 그런 자본 확장 과정이 곧 대동아전쟁으로 이어졌고요.

갈사만의 옛 지형

1910년 한일합방 직후의 갈사만 옛 지도와 100년도 더 지난 현재의 갈사만 지도를 한번 비교해 보실까요?

[그림 1]은 일제 때 만들어진 겁니다. 좀 자세히 보면 일본 글자도 나와 있거든요. 내도가 보이고 서근내촌 옆에 발

[그림 1] 갈사만 옛 지형(1913년경) (출처: 하동주민생활사연구회)

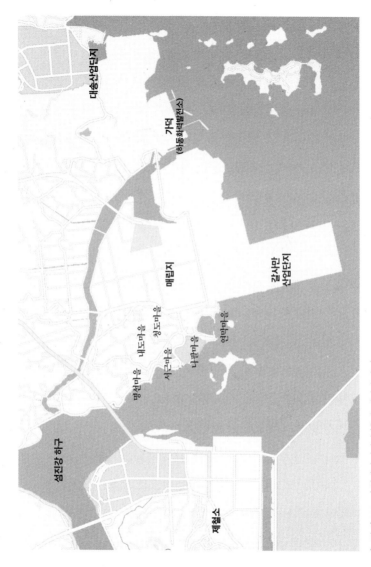

[그림 2] 2024년 현재의 갈사만 (출처: 네이버 지도)

음을 위해 일본말인 가타카나가 표시돼 있죠. 그리고 그 아래에 나팔촌이 있고요. 지금 나팔마을이죠. 그다음 맨 끝에 연막촌이 있습니다. 지금은 연막마을이라 해요. 그다음에 약간 위에 내도가 있는데, 내도는 그 자체가 원래 작은 섬이었어요. 그리고 그 섬 주위를 엄마처럼 감싸고 있는 게 갈도였던 거죠. 이렇게 서근, 연막, 나팔, 내도마을이 오순도순 살았죠. 앞서 말씀드린 갈도와 갈사만이란 이름이 이래서 나온 거라 합니다.

그 뒤 서근마을에서 명서마을이 분리되고 나중에 하동댐 건설로 청암에서 이주해 온 분들이 내도마을 옆에 청도마을을 이루면서 이제 갈사만에는 6개 마을이 있습니다.

그리고 그 왼쪽은 당시 태인도란 섬이었는데 지금은 이게 섬진대교로 하동 갈사만 쪽과 연결이 되었죠. 동시에 그 주변이 상당히 많이 간척돼 메워졌어요. 100년 전 사진과 지금 사진을 비교해 보시면 엄청난 변화가 있었다는 걸 잘 알 수 있습니다.

일례로, 섬진강 하구에 갈사만 쪽으로 일부가 도랑처럼 이렇게 되어 있는데 나중엔 간척사업을 하면서 여기 왼쪽이 막히게 돼요. 갈도라는 섬 자체가 육지화했죠. 섬진강과 나팔마을 옆 물길이 여기도 다 흘렀는데 이게 막혀 버렸죠. 자연은 곡선인데, 인공은 직선입니다!

그리고 여기 오른편 명덕마을과 가인포마을도 육지가 되고 옆에 습지대가 남아 있긴 하지만 바다가 육지로 많이 변했어요. 바다를 메운 뒤 명덕마을 남쪽에 하동화력발전소가 들어서게 된 거죠. 가인포마을은 이주조치로 완전히 사라지고 지금은 섬진강문화센터가 들어서 있습니다. 문화센터엔 수영장과 헬스장이 있어서 인근 지역 주민들에게는 좋은데, 실은 발전소로 인한 피해 보상 내지 주민 수용력 제고 차원에서 만들어졌어요.

갈사만 산업화의 여정

갈사만의 경제적 변화 과정을 간단히 보시죠. 앞서 잠시 봤지만, 기록에 따르면 17세기 무렵에 김여익이라는 분이 광양 태인도에서 김 양식을 시작했다고 해요. 지도의 왼편입니다. 당시 어업이라 해야 물고기를 잡거나 갯벌에서 조개나 게 같은 걸 잡는 자연경제였죠. 김 양식이 갈수록 돈이 되었던 모양입니다. 하동 김이 한때 유명했다 해요. 그 당시 농지는 별로 없었고 그게 300년 이상 이어져 왔던 거예요. 그런 자연 속에 살던 살림살이 경제에서는 마을마다 공동체가 있고 자연이 살아 있었지요.

그러다가 일제가 들어오면서 자기들 나름대로 세계적인 수탈을 위해서 산업화 과정을 여기저기 시작했지요. 당시에도 일본으로 김이나 해산물 수출을 꽤 많이 한 것으로 보입니다. 말이 수출이지 헐값에 약탈을 당한 셈이죠.

그런 과정이 있었고 그 뒤 해방 후 한국전쟁을 거쳐 1960년대부터 본격적으로 박정희식 경제개발이 시작됐습니다. 갈사만 간척도 경제개발계획의 일환으로 1962년도부터 시행이 된 셈이죠.

그렇게 바다를 메우기 시작했습니다. 기록에 따르면 그 당시 지역 국회의원이 정부에 건의를 해가지고 메우기 시작해 한 2~3년 열심히 공사를 했다고 해요. 그 당시에도 삼부토건이 등장하던데, 이게 지금의 삼부토건과 연관이 있는지는 확실하지 않네요.

그런데 무슨 이유인지 공사가 중단이 되었다가 다시 재개되어 외곽방조제가 완공이 되었고요. 그리고 그 뒤로 계속 공사가 중지되고 잡초만 무성하고 어업도 안 되고 농사도 안 되던 그런 절망의 시절을 거쳤다 해요.

다시 1980년대 후반에 간척이 시작되어 1996년까지 농지 조성이 완료됩니다. 그리고 나중에 토지 분양을 하는데 분양 규모나 가격 때문에 당국과 주민들 간 갈등도 있었다 해요. 그 뒤 대체로 지금까지 오고 있고요. 지형이 엄청 변했죠. [그림 2]가 그 변화를 보여 줍니다.

문제는 하동군에서 갈사만 조선산업단지를 조성하려다 번번이 좌절하고 현재는 그렇게 효율도 높지 않은 농경지에 잡초만 무성하다는 겁니다. 심지어 2017년엔 감사원이 갈사만 산업단지와 관련해 문제가 많다며 해당 공무원이나 군수까지 중징계를 요청하는 상황까지 벌어졌지요. 그런 상황은 현재도 크게 다르지 않습니다. 갈수록 매몰비용은 높아지고, 그 모든 비용을 끌어안으면서 수조 원대의 투자 유치까지 해야 하는데, 하동군도 딜레마 상황입니다.

하동군 정구용 군수 때(1995~2002년) 조선소 유치 계획이 처음 시작된 모양입니다. 그런데 갈수록 비용은 오르고 투자 효과가 낮아 지금까지 진행이 어려운 모양이고요. 그 뒤 조유행, 윤상기 군수 시절도 비슷했다 해요. 현 하승철 군수가 노력을 많이 하는데, 제가 봐도 여러모로 어렵습니다. 이미 6천억대가 들어간 갈사만, 보다 큰 그림 나와야 할 텐데요.

제 개인적으로는 갈사만도 순천만처럼 국가 정원이나

생태공원, 아니면 방풍림 및 유기농 단지 조성, 정 안 되면 아예 재자연화 같은 방향으로 가면 좋겠어요. 그리고 바다를 옛날처럼 잘 살려 자연경제를 복원하는 게 좋다고 봅니다. 기후위기 시대에 이게 대안이니까요.

한편, 왼편 광양만에선 1980년대에 진행된 광양제철 건설 도중 초기 저항이 경제적 보상으로 마무리된 뒤에 제철소 건설에 박차가 가해졌다 해요. 흥미롭게도 그 건설 현장에 갈사만의 주민들이 일하러 갑니다. 힘 좋은 남성들만이 아니라 특히 여성들, 아주머니들, 아직 기력 있는 할머니들처럼 비교적 힘이 있는 분들이 대거 고용되었죠. 노동력의 관점에서 힘도 있고 빠릿빠릿하고 말귀를 잘 알아듣는 이런 분들이 필요하니까요.

이제 남녀 노동력이 제철소 건설에 동원되고 그 지긋지긋한 김 작업 같은 걸 안 해도 되고 돈을 좀 만지니까 살 만하다고 느낀 점도 있는 것 같아요. 실은, 노동력이 동원됐다기보다 일종의 보상 개념이기도 해요. 그냥 돈을 줄 수 없으니 협조하는 대신에 일자리와 임금을 얻을 수 있게 하겠다는 발상이지요.

이런 식으로 노동과 화폐가 상품 제조과정에 협조자 내지 매개자가 됨으로써 결국은 자본과 일심동체가 됩니다.

이 원리를 잘 기억해야 합니다. 왜냐면 이것이 자본주의와 생태주의가 정면충돌하는 지점인데도 우리들은 그것도 모르고 그냥 빨려들거든요.

이제 밥 벌어 먹고살 수 있는 새로운 공간이 생겼으니까 중심 인력인 남성들은 아무래도 이걸 새로운 기회라고 보았겠죠. 여성들도 남성의 절반 정도에 해당하는 인건비를 받으면서 보조 인력으로 많이 일하러 갔다 해요. 청소나 나무 심기, 물주기 같은 일이 많았다 합니다. 남성들은 목수, 미장, 용접, 철근 등 비교적 힘든 일에 종사했다 하고요. 이런 사람들은 초보자조차 한국의 다른 현장에 비해 좀 나은 대접을 받았다 합니다. 여성들도 남성에 비해선 절반 정도지만 그래도 다른 작업 현장보다는 나았다 해요.

특히 여성들은 그전에는 새벽부터 밤 늦게까지 김 생산 작업을 하느라 무척 힘들었다 합니다. 겨울에도 추운 데서 일해야 했으니까요. 그런 상황이었기에 차라리 제철소가 생겨서 김 작업보다는 더 편하게 일하고 돈도 제법 만지니까 오히려 "제철소에게 절을 하고 싶을 정도였다"라고 하는 분도 계세요. 얼마나 김 생산 작업이 힘들었으면 그랬을까 싶기도 합니다.

그런데 지금 와서는 제철소와 발전소로 인해 공기나 물

이 안 좋아지고 더 이상 갯벌에서 조개도 못 잡고 어획량도 없어지고 이런 상황이 되니까 좀 후회하기도 하시고요.

지금까지 갈사만 산업단지 개발에 직접 들어간 돈만 해도 약 6,500억 원이라 해요. 엄청나죠. 대개 직접 비용만 계산하는 게 아니라 이걸 들여 뭔가를 뽑아낼 수 있었던 기회비용까지 생각하는데, 그렇게 보면 그 두 배 이상 손해를 보고 있다고 보시면 됩니다. 통상적인 계산법이죠.

요컨대, 갈사만 인근에 간척사업이 전개되고 제철소가 들어서고 발전소가 들어서면서 산업화가 진행되어 1인당 소득 수준은 올랐지만, 앞서 말씀드린 '삶의 질' 차원은 대체로 나빠졌다고 할 수 있습니다. ①모두 일하러 나가고, 또 물과 공기가 안 좋아지니 건강도 나빠지고, ②노동력 차별로 인해 존중이나 평등 차원도 훼손되고요, ③인정스런 공동체도 하나씩 둘씩 해체되고 마을엔 더 이상 아이들도 안 보이고, ④물, 공기만이 아니라 조화로운 생태계(바다, 개펄, 구릉지, 섬, 숲 등)도 망가졌죠. 이런 상황을 마을 어르신들과의 인터뷰를 통해 들여다볼 수 있습니다.

갈사만 어르신들의 삶 ─ 인터뷰 내용 중에서

인터뷰에서 어른들이 말씀하신 내용을 한번 들여다보겠습니다. 이 부분은 하동주민생활사연구회 이름으로 펴낸『갈도를 기록하다: 갈사리 6개 마을 이야기』에서 많이 인용했습니다. 인터뷰는 2023년에 진행했는데, 당시 제가 하동주민생활사연구회 대표를 맡았더랬습니다. 그 인터뷰에는 주로 하동생태해설사회 선생님들이 대거 참여했지요. 어르신들을 만나기 위해 여러 차례 사전 준비도 했고, 마을잔치나 행사에 참여도 했으며, 인터뷰 후에는 하동 악양으로 소풍을 같이 가기도 했습니다. 그리고 2024년엔 다시 찾아뵙고 하동생태해설사회 선생님들 중심으로 사진전을 열기도 하고 갈사만의 생태, 즉 개펄 동식물이나 숲이나 들에 날아온 흑두루미 같은 새들이 얼마나 아름다운지 소책자를 만들어 마을마다 하나씩 선물해 드리기도 했습니다. 하동생태해설사회 선생님들의 시너지 효과가 갈사만 공동체를 좀 활기차게 만드는 데 일조했다고 봅니다.

인터뷰는 마을마다 서너 명씩 나누어 2023년에 몇 개월 동안 진행했는데 대개 공통적으로 이런 이야기가 나옵니다. 한참 어업이 번창했을 때, 예를 들면 1950~60년대 (간척사업이나 제철소, 발전소가 오기 전) 무렵에는 가구 중에 3분의 2 이상에 배가 있었다 합니다. 근데 현재는 가구도 줄어들고 바다가 별 전망이 없어서 배도 거의 팔아 버렸다 해요. 잘나 가던 시절에는 마을에 "개도 돈을 물고 다녔다"라고 할 정도로 돈이 흔했다 합니다. 어업도 그렇지만 김 생산으로 돈이 많이 돌았다는 거지요.

저는 다른 분들과 나팔마을 인터뷰에 갔었는데, 원래 밀물과 썰물에 따라 섬진강물이 들락날락했대요. 그래서 썰물일 때는 물이 쏴~ 빠져나가면서 그 마을 앞에 큰 바위도 있고 모래등도 있었는데 그것 때문인지 물소리가 나팔소리로 들렸다는 겁니다. 그래서 마을 이름도 나팔마을이라 했다는 말씀도 들었죠. 그런데 제철소가 들어서면서 이제는 예전처럼 물이 빠져나가지도 않고 아예 물길이 제철소 쪽으로 돌려지는 바람에 그런 자연의 아름다운 소리도 들을 수 없다고 합니다. 정말 그런 건 돈 주고도 못 사는 건데, 산업화 과정에서 잃어버린 거죠.

1970년대 때 한창 '새마을운동'을 하면서 육지와 갈도섬을 잇는 다리 놓는 일에 온 마을사람들이 다 가서 협력하고 땀을 흘렸다 해요. 이제는 그런 것도 옛날이야기고 간척사업 이후로는 교통은 편리해졌지만 바다가 못 쓰게 되었다는 말씀을 하셔요.

그 뒤 제철소가 들어서면서 보상을 받긴 받았는데 그 당시에는 목돈이겠지만, 사실 길게 보면 별 의미가 없는 돈이었다는 이야기를 들었고요. 왜냐하면 돈은 금세 날아가 버리니까요.

다른 한편으로 아까도 말씀드렸지만, 김 생산 작업은 손이 많이 가고 정말 많이 힘들었다고 합니다. 그래서 제철소가 오면서 오히려 이왕 이렇게 된 김에 그냥 제철소 가서 일하면 돈을 좀 만지니 "김을 안 해서 정말 좋다", 이렇게 말하시는 분도 계세요.

물론, 돈이 쉽게 벌어지는 대신에 공기는 많이 안 좋아졌죠. 마을마다 하시는 말씀이, 마당에 빨래를 널지 못한다고, 그래서 애들이 사준 건조기에다 말리거나 집 안에서 말려야 한다고 합니다. 발전소나 제철소에서 계속 석탄을 때니까 공기가 나쁘고 시커멓게 떨어지는 게 보일 정도였다해요. 그동안 굴뚝에 정화기도 달고 여러 가지 문제제기를 통해 좀 나아진 편이긴 해도 흰 빨래는 절대로 밖에 말리지 못한다 합니다. 심지어 자녀들이 사준 공기청정기가 없이는 숨 쉬기도 어렵다는 분도 계시더군요. 저는 그 정도인 줄 몰랐습니다.

그리고 어떤 할머니는 옛날에 시집왔을 때 갈사만 앞바다를 '황금 바다'라 했대요. 이 바다가 그냥 가도 먹을 게 많고 또 해산물을 인근 시장이나 읍내 시장에 내다 팔면 돈도 제법 벌고 그랬다는 거죠. 이제는 자녀들도 다 나가 살고 노인들만 남아 조금 쓸쓸하다고 해요.

물론, 요즘도 더러 마을 경로당에 모여 놀기도 하고 같이 이야기도 나누고 그러지만 그렇게 신나는 일이 별로 없다 해요. 저희가 인터뷰도 하고 소풍도 모시고 가서 점심도 맛난 거 사드리고 사진전도 열고 하니까 엄청 좋아하시더라고요. 소풍 갔다가 돌아오는 길에 어떤 어른은 "이런 거 사흘들이 했으면 얼마나 좋겠노?" 하시는데 갑자기 제 눈시울이 뜨거워지더라고요. 정작 자기 자식들은 먹고살기 바빠 어른들 챙기는 데 별 신경도 못 쓰는데, 저희들이 가서 말도 걸고 어떻게 살아오셨는지 말씀도 경청하고 하니 오랜만에 사람 사는 것 같이 느끼신 듯해요. 게다가 작은 버스 같은 걸 빌려 소풍까지 모시고 가고 같이 춤추며 노래도 하고 하니 얼마나 즐거웠겠어요?

예전엔 한 집에 제사를 지내면 비빔밥을 해서 온 마을 사람들이 조금씩 다 나눠 먹으며 화목하게 지냈다는데, 지금도 그런 집이 있긴 하지만 그런 풍습은 거의 없어졌다 해요. 그래서 어떤 분들은 은근히 다른 집 제삿날을 손꼽아 기다리기도 했다 합니다. 자기 집 제삿날도 날이지만, 남의 집 제사도 속속들이 다 알고 있었던 거죠. 한 끼라도 아낄 수 있으니까요. 이런 게 모두 가난하던 시절에 존재하던 풍습인데 이제 좀 살게 되니 그럴 필요가 없기도 해요.

하지만 공동체 관계 내지 이웃사촌 개념에서 보면 우리 생활 전반에서 공동체 해체가 확실히 드러나고 있지요. 이제는 마을 우물가나 빨래터, 사랑방 같은 데서 함께 모일 시간도 없이 모두들 일하러 나가기 바쁘니까요.

이게 이제 공동체가 파괴되는 이야기고요. 그다음에 일종의 자연경제가 산업경제로 바뀌면서 생태계 역시 많이 망가졌죠. 자연경제 시절엔 '대량생산과 대량소비'의 시스템은 아니잖아요? 일종의 소상품 생산이고 비교적 자연에 더 가깝게 경제생활을 했죠. 지금은 이런 것조차 할 수가 없는 지경이 되어 버린 거죠. 예전엔 개펄에 백합, 우럭조개, 바지락 같은 게 많았다고 해요. 예전엔 소나무도 많고 황새가 많아서 정말 좋았다며 청소년 시절엔 황새 알을 꺼내 먹는 그런 재미도 있었다고 자랑하신 분도 계세요.

제가 최근에 우연히 만난 갈사만 출신의 목사님 한 분(인천 거주)은 어린 시절에 갈사만 어른들이 "저 땅끝에"란 말을 자주 하셨다 해요. 갈사만에서 금오산 방향을 바라볼 때 '땅끝 마을'이 있었다는 거죠. 오늘날 전남 해남이 대한민국의 '땅끝 마을'이긴 한데, 경상도만 보면 경상도의 '땅끝 마을'이 바로 갈사만에 있다며 아주 자랑스럽게 말씀하시더군요. 그런 옛날 추억들을 말씀해 주시는데 고향 땅에 대한 사랑이 느껴졌고요.

또 한 남자 어르신은 연세가 많은데(80대 후반) 일제의 대동아전쟁 이야기나 일본인들이 갈사만에 왔던 이야기도 하시더라고요. 일본인들이 들어온 뒤로 850미터 높이 되는 인근 금오산에서 갈사만까지 (약 10킬로미터 정도) 물을 끌어오는 수도 같은 걸 놓았던 이야기도 해주셨죠.

제철소나 발전소 등이 지어진 산업화 이후에 쇳가루나 석탄가루가 공기 중에 날아오면서 배추김치를 해도 나중에 씹다 보면 배추 속에 석탄가루나 쇳가루 같은 게 나온다는 말씀도 하셨어요.

그럼에도 산업화에 산업화가 지속된 지금은 어르신들 자녀들이 손주들 키우며 공장에 나가 일하며 그럭저럭 살지만, 연세 든 부모님들은 노인이 되어 고향 땅을 지키며 이제 "죽을 날만 기다리는" 꼴이 되고 말았다고 하실 때 정말 가슴이 아파지더라고요. 어떤 어르신은 자녀들이 부모님 계시는 곳으로 들어오려 했을 때 "여긴 (공기 나쁘니) 오지 마라"
고 만류하셨다 해요. 본인들은 어차피 다 살았으니 젊은 자
녀들이 더 좋은 곳에서 살길 바라는 거지요.

그것도 안타까웠지만, 무엇보다 가장 마음이 아픈 건 여
기저기 암 환자가 많다는 이야기입니다. 실제로 어떤 마을
에서는 인터뷰에 응하신 분이 "나도 암에 걸렸어"라고 하셨
는데 몇 개월 뒤에 다시 갔더니 그사이에 돌아가시고 안 계
신 사례도 있어요. 또 다른 부락은 암으로 아홉 명이나 죽어
서 마을 전체가 좀 우울한 분위기라는 얘기도 있어요. 그런
말씀 들으니 제 정신도 멍해졌어요.

그래서 제가 인터뷰 내용을 정리하면서 곰곰 생각해 보
니, 차라리 산업화보다는 자연화, 즉 바다와 개펄을 잘 살리
면서도 김 작업이나 바닷일을 덜 힘들게 할 수 있도록 도와
주는 방식으로 행정이 펼쳐졌다면 훨씬 좋지 않았을까 싶네
요. 그렇게 사람과 자연의 공생, 그 지속 가능성을 높이는 것
이 작금의 기후위기 시대에도 대안적인 방식이 아닐까 합니
다.

참, 하나 잊어 먹을 뻔한 게 있네요. 갈사만 마을이 바닷
가이다 보니, 당산제는 물론, 용왕제 같은 게 아직도 남아 있
더라고요. 저희도 인터뷰 기간 도중에 나팔마을 수산물 판

매장에서 용왕제가 열린다 해서 여럿이 참여한 적이 있습니다. 오랜만에 돼지머리 올려놓고 제사 지내는데, 다들 절하고 나서 봉투 하나씩 꽂아 드리더라고요. 우리 팀도 그렇게 했죠.

온 마을 이장님들이 다 오시고 면장이나 농협조합장, 군의회 의원 등등 관련 인사들도 이런 행사를 놓치면 안 된다는 듯 오시더라고요. 물론 옛날처럼 어부들이 많은 것도 아니고 생활 자체가 바다에 의존하는 정도가 그리 높진 않기 때문에 용왕제의 고유한 의미가 잘 살아나진 않지만 그래도 옛날 풍습의 일면을 직접 체험한 게 저로서는 참 좋은 경험이었다고 봅니다. 사실, 예전엔 바다에 고기 잡으러 갔다가 돌아오지 못하는 경우가 많았는데, 그때마다 바다 신령님이 노해서 그렇다며 어른들은 자신이 뭘 잘못했는지 삶을 돌아보기도 했다고 해요.

오늘날은 과학기술이 발달해 그런 게 미신처럼 보이지만, 그럼에도 기후위기 같은 재앙은 결코 과학기술로 해결할 수 없다고 봅니다. 오히려 자연 앞에 겸손할 때, 그리하여 우리 삶의 모든 방식을 자연스런 모습으로 되돌릴 때 비로소 이런 위기도 무난히 극복할 수 있을 거라 봅니다. 아직 얼마나 시간이 남았을지 모르지만, 이미 기울어진 배가 더 기울어지지 않도록, 그리하여 균형을 다시 잡을 수 있도록 반대 방향으로 힘을 더 모아야겠습니다.

현황 _ 오염의 지속

하동에는 『오!하동』이라는 주민들의 독립신문(상업광고 없는 신문, 후원회원들의 회비만으로 운영)이 있습니다. 이 신문에 보도된 자료에 따르면, 하동화력발전소에서 나오는 대기 오염물질은 미세먼지, 황산화물, 질소산화물 등 세 가지가 핵심인데, 앞 두 가지는 규제치 미만이지만 질소산화물은 너무 초과돼 2023년엔 무려 12억 가까운 배출금(일종의 과태료)을 물었다 합니다. 돈도 돈이지만 이 물질이 많이 나오면 사람이나 자연에 엄청난 해가 된다 해요.

물론, 여기서 미세먼지나 황산화물이 규제치 미만이라 해서 문제가 없는 건 아니란 점을 유의해야 합니다. 2022년의 경우, 전국 황산화물 발생량의 30.5%가 광양만권에서 나오는데, 이것은 유연탄(석탄)을 대량 소비하는 광양제철소와 하동화력발전소에서 나온 것이라 합니다.

원래 질소산화물은 화석연료를 태울 때 나오는데, 온실

	2020	2021	2022	2023
초과배출금(원)	2.4억	4.7억	10.0억	12.0억
전년 대비 증가율(%)		195%	211%	118%

[표 1] 하동화력발전소의 질소산화물 초과배출금, 출처: 『오!하동』, 2024. 10.

가스 역할을 하는 스모그 현상을 일으킵니다. 6대 온실가스 중 하나인 아산화질소 역시 질소산화물이지요. 질소산화물은 산성비를 만들어, 농경지와 숲, 그리고 자연 생태계에 막대한 피해를 줍니다. 그리고 천식이나 만성기관지염 등을 일으키는 등 인체에도 해롭다 해요.

한편, 2022년 전국의 대기오염물질 배출량은 총 21.5만 톤이라 합니다. 그중 광양만권(하동, 광양, 여수)은 4.2만 톤을 배출하고 있다고 하죠. 사업장별 대기오염물질 배출량 1위는 포스코 광양제철소(2.1만 톤, 광양만권 전체의 49%), 8위가 하동화력발전소(0.7만 톤, 전체의 17%)라고 해요.

그리고 2021년 대기오염물질 배출량 자료를 보면, 광양제철소가 있는 광양시가 1.8만 톤으로 전국 지자체 226개 중 1위를 차지했습니다. 여수산단이 있는 여수시는 약 1.1만 톤으로 전국 5위, 그리고 하동화력발전소가 있는 하동은 0.7만 톤으로 전국 10위입니다. 이 3개 지역의 배출량 총합이

	합계	비중(%)	미세먼지	황산화물	질소산화물	염화수소	불화수소	암모니아	일산화탄소	순위
전국합계	191,825	100	4,735	47,202	137,092	578	1.0	2.0	2,215	
광양	18,043	9.4	405	7,726	9,910	1.0	-	-	0.0	1
여수	10,632	5.5	302	2,406	7,841	1.0	0.7	0.0	80.0	5
하동	7,295	3.8	252	3,730	3,314	-	-	-	-	10
3개지역	35,970	18.8	959	13,862	21,065	2.0	0.7	0.0	80.0	
전국대비(%)		18.8	20.3	29.4	15.4	0.5	70	0	3.6	

[표 2] 2021년 전국 대기오염물질 배출량(단위: 톤), 출처: 『오!하동』 17호, 2022.12.

약 3.6만 톤으로 전국 총 배출량의 18.8%를 차지했다 합니다. 요컨대, 갈사만 지역에 유독 암 환자가 많은 이유가 바로 이런 객관적 자료들에서도 상당 정도 설명이 되네요.

해마다 새로 나오는 데이터를 보면 갈사만을 포함한 광양만권의 대기오염물질 배출량이 예전보다 늘어나고 있어요. 황산화물이나 질소산화물, 미세먼지 등 온갖 오염 물질이 갈수록 늘어나고 있다고 하죠. 결국, 우리가 도시화, 산업화, 세계화, 상업화 등을 통해 자본주의 경제발전을 열심히 해왔지만, 바로 그 '대량생산-대량유통-대량소비-대량폐기'의 시스템 속에 상품 생산과 소비, 쓰레기가 감당하기어려울 정도로 늘다 보니, 이 모두가 마지막에는 '삶의 질'을저하시키고 있는 겁니다.

근본 대안 _ 돈벌이 경제를 넘어 자연경제의 회복으로

이 모든 과정을 종합적으로 볼 때, 저의 결론은 갈사만이건대송산단이건 전반적인 재검토, 근본적인 재검토, 창의적인재검토가 필요하다고 봅니다. 창의적이라는 건 근본적인 발상의 전환이 필요하다는 겁니다.

즉, 기존의 돈벌이 경제, 즉 자본의 가치증식을 기본으로 하는 경제가 아니라 살림살이 경제로 전환을 해야 한다는 겁니다. 달리 말해, 이윤이 아닌, 주민들의 생존과 생활이라는 관점에서 국토 관리나 경제와 산업을 구조 조정 해야하는 셈이죠. 그래서 사람들의 행복한 살림살이(GNH)를 기준으로 해서 국토와 산업을 재설계하고 사람과 사람, 사람과 자연이 더불어 사는 방향으로 구조 변화를 해야 된다는 거죠. 이게 전반적, 근본적, 창의적 재검토의 내용입니다. 그래서 누군가 저더러 '그림을 다시 그려 보라' 그러면 이런 식의 자연경제 방향으로 나아가야 한다고 봅니다. 기후위기시대를 반영해, 유기농단지, 숲 조성, 생태공원 등을 패키지로 만드는 거죠. 그리 되면 아름다운 마을과 자연을 보려고 전국에서 사람들이 몰릴 겁니다.

아주 구체적인 실행 방법을 토론도 하고 전문가 역량도 빌려야 되겠지만, 근본 방향은 그래야 된다고 봅니다. 제가 늘 강의 때마다 결론에 이야기하지만, 참된 행복은 돈이나 권력, 외형적 성장이 아니라 친밀한 관계와 생태적인 삶 속에 있다고 봅니다. 우리가 비교적 자연에 가까운 생활을 하면서 이웃과 일도 같이 하고 밥도 같이 먹고 쉬면서 사는 이야기도 많이 나누고 하는 식으로, 이웃사촌 관계들이 살아있는 그런 삶이 건강하고도 행복한 삶이라고 확신합니다.

그래서 진짜 마지막으로 드릴 말씀은 늘 그랬듯이, '오늘 행복을 내일로 미루지 말라!'입니다. 우리가 살아온 과정을 돌아보면, 늘 오늘 행복을 내일로 미뤄 왔거든요. 나중에 돈벌이를 많이 한 다음에 놀라는 거죠. 그래서 예컨대 초등학생에겐 중학교 가서 놀라고 하고, 중학생에게는 고등학교 가서 놀아라 했죠. 고등학생에겐 나중에 대학 가서 놀아라

하고, 막상 대학생이 돼도 요즘 취업이 어려우니, 취업하고 놀라고 합니다. 취업하고 나도, 나중에 주말에 놀자, 하는데 또 주말에 급한 다른 일이 생겨서 나중에 휴가 때 가서 놀자, 이러죠. 그런 식으로 미루고 미루다, 아예 정년퇴직 이후에 놀자, 그러죠. 아 그런데 정년퇴직 후에 좀 놀아 보려 하니, '백수가 과로사한다'는 말처럼 백수도 즐기기보다는 바쁘게 다니다 볼 일 다 봐요. 그렇지 않은 경우는 몸이 또 아프네요? '아이고 다리야, 아이고 허리야' 이러는 거죠. 심한 경우는, '아이고, 나한테 암이 생겼네!' 이렇게 되면 큰일이죠. 그런 경우는 이제 병원 자본에게 가서 그동안 열심히 저축했던 거 다 갖다 바치고 장렬하게 돌아가십니다. 제가 좀 우스갯소리처럼 표현한다고 과장을 좀 했지만, 우리 삶의 근본 원리가 그렇게 돌아가고 있다는 거죠.

만일 우리네 삶이 그렇게 엉뚱하게 흐른다는 걸 지금이라도 제대로 포착한다면, 바로 지금부터 우리는 다른 삶을 살 수 있지 않을까 합니다. 오늘 행복을 내일로 미루는 게 아니라 오늘 행복을 오늘 느끼면서 사는 거죠. 길지도 않은 인생, 뭐 별거 있습니까? 괜스레 기득권이 짜놓은 그물망에 갇혀 허우적거릴 일이 아니라, 사람과 사람, 사람과 자연이 조화롭게 살아가는 게 행복 아니겠습니까? 그런 의미에서 이런 강연 자리나 함께 공부하는 모임이나 이런 시도들이 정말 행복한 시간들이라 생각합니다.

기후위기 시대를 맞아 우리가 자본주의와 생태주의 같은 공부도 같이하면서 서로의 고민이나 걱정을 나누고 함께 할 수 있는 일들을 같이 모색해 보는 것, 그 과정에서 나부터 실천할 수 있는 것, 우리가 먼저 할 수 있는 것부터 하면서 사는 것, 바로 이것이 오늘의 행복을 오늘 찾는 길이라 봅니다. 그러면서도 그런 방식이 이 지구를 공멸이나 멸종 사태로부터 예방하는 길이 되리라 확신합니다.

다음에 만날 때는 더 행복한 얼굴로 만나기를 바라면서 제 강의를 모두 마치겠습니다. 끝까지 참여해 주셔서 정말 고맙습니다.

에필로그 _ 기후위기 시대, 행복의 조건

찰스 다윈의 『종의 기원』과 리처드 도킨스의 『이기적 유전자』를 연상시키는 『행복의 기원』이란 책이 있습니다. 이 책은 행복(쾌락)의 핵심을 사진 한 장에 담는다면 '좋아하는 사람과 함께 음식을 먹는 것'이라 해요. 결국, 음식과 섹스가 행복의 핵심이라니, 참, 명쾌합니다!

2014년에 처음 나온 이 책은 그간 인류의 화두인 '행복'에 대한 다양한 사회적 통념을 하나씩 검토하고 비판해요. 특히 아리스토텔레스 이후 널리 수용된 '인생의 목적은 행복'이라는 생각도 오류라 합니다. 이 책에 따르면, 인간은 본질적으로 개나 공작과 다르지 않은 동물일 뿐이라 해요. 따라서 행복은 삶의 목적이 아니라 '생존'과 '번식'을 위한 수단이라 봅니다.

이 관점에 따르면 화가 피카소는 다른 동물처럼 '생명체가 그 본질적 목적인 유전자를 남기기 위해 자신의 창의력이라는 도구를 사용한 셈이 됩니다. 마음의 정신적 산물이나 생각들은 결국 몸의 번성을 위한 도구에 불과하다고 보거든요.

제 관점에서 볼 때 이런 주장은 매우 '용감' 또는 '위험'합니다. 왜냐하면, 대체로 인문사회과학자들은 '인간은 사회적 동물'이며, 사회적 관계가 어떤가에 따라 행복도가 달라진다고 보기 때문이죠. 즉, 인간의 사회적 관계가 얼마나 자유롭고 평등하며 우애로운지가, 그리고 자연과도 얼마나 친밀함과 공감의 관계를 맺느냐, 이런 점들이 행복의 조건이라 보는데, 이 책은 그런 시각이 잘못된 것처럼 보고 있어요.

이 책은, 행복이 객관적인 삶의 조건들보다는 내가 뭘 먹는가 하는 개인적 선택이나 행위에 초점을 맞추지요. 그래서 "행복은 새우깡", "행복은 아이스크림"… 식으로 얘기합니다. 한 걸음 더 나가, 이런 시각은 행복의 개인차를 결정적으로 좌우하는 것은 그가 물려받은 유전적 특성이라 보고 있지요.

물론, 행복감은 주관적 감정이기에 객관적 조건과 무관할 수도 있습니다. 그러나 대다수 사람에게 객관적 조건(생활에 필요한 물적 토대, 건강과 여유, 공동체, 생태계)은 주관적 행복을 위해서라도 거의 필수로 충족돼야 해요.

그리고 저는 행복의 개인차는 이 물적 조건의 차이와 더불어 주관적 가치관 차이에 의해서도 나온다고 봅니다. 일례로, 가난한 달동네 사람들조차 이웃사촌의 관계 내지 마을공동체가 활기차다면 얼마든 행복할 수 있지요. 그리고 그런 관계가 살아 있는 공동체라야 부의 성장 역시 건강한 과정을 밟을 겁니다. 불행히도 대한민국은 '성장 중독증'에 너무 깊이 빠져 친밀한 인간관계와 공동체, 생태계를 망가뜨리고 말았어요. 솔직히, 앞에 나온 행복관은 행복의 사회적 조건들이 이미 망가진 걸 당연시한 채 그 위에서의 개인적 행복 지침서로 보입니다.

이런 면에서 저는 그런 관점은 지나치게 생물학적이면서 편협하게 개인주의적이라는 인상을 지울 수 없습니다. 우리는 생물학적 존재이면서도 사회적 존재이고, 개인적이면서도 공동체적인 존재이지요. 여기서 저는 행복감보다 불행감이 엄습함을 느낍니다. 왜 그럴까요?

첫째, '좋아하는 사람과 함께 음식을 먹는 것'이 행복한 체험의 한 사례일 수는 있지만, 그것은 행복의 본질을 말하기보다는 오히려 그 본질을 은폐해요. 일례로, 대통령이 내란을 일으키고 판검사가 사법 정의를 엉망진창으로 만드는 등 온 세상이 병든 사회가 되고 있는데, 그런 것엔 눈을 감은 채 '좋아하는 사람과 함께 음식과 섹스를 나누며' 행복하다 하는 건 자기기만이 아닐까요?

둘째, 지금 자본주의는 갈수록 그 이윤의 원천이 축소, 고갈되는 상황이라 새로운 이윤 공간을 창출하기 위해 노동 착취 외에 아직도 남은 자연 생태계를 더욱 파괴해요. 이 맥락에서 행복의 조건들(심신 건강과 여유, 친밀한 인간관계, 정겨운 공동체, 건강한 생태계)이 갈수록 파괴되지요. 이런 상황에선 '좋아하는 사람과 함께 음식을 먹을' 시간도 갈수록 부족해지고 설사 고급 식당에서 비싼 음식을 먹더라도 그 재료가 얼마나 건강할지 갈수록 의심스러워지죠.

셋째, 그런 식으로 인간 행복의 소박한 결론을 '좋아하는 사람과 함께 음식을 먹는 것'으로 축소하는 것은 자칫 사회 행복의 차원을 도외시한 채 개인 행복만 추구하게 하는 의도치 않은(?) 태도까지 조장합니다. 따지고 보면, 19세기 동학농민 전쟁 이래 '사회 행복을 증진해야 개인 행복도 증진된다'는 믿음을 가진 이들은 결코 자신의 생존과 번식만 도모하진 않았죠. 그래서 묻습니다. '좋아하는 사람과 함께 음식을 먹는 것'이 행복이라 여기는 이들이시여, 사회 행복을 위해 건강과 목숨, 가족도 팽개치고 희생했던 분들의 피와 땀과 눈물을 조금이라도 기억하시나이까?

이런 맥락에서 저는 오늘날 노동소외나 사회경제적 불평등이 심화하고 갈수록 기후위기나 생태 재앙의 징후가 짙어지는 복합적 삶의 위기를 보다 체계적으로 이해하는 것, 나아가 여러 위기들을 건강하게 극복하기 위한 사회적 인식과 실천을 고양하고 확산하는 것, 이런 일들이 소박한 행복 추구와 결합될 때 참된 행복에 다가선다고 믿습니다. 이 책이 그런 길에 작은 등불이 되길 소망합니다.

찾아보기